참 좋으신 나의 하나님

(치유 은사 간증문)

지은이 윤 종 식

도서출판 조은

머리말

윤 종 식 장로

간증하자면 여러 가지가 있지만 그 중에 내가 꼭 전하고 같이 나누고 싶은 것은 치유 은사입니다.

기도원에 가면 기도로 치유 은사를 볼 수 있다고 하지만 나 같은 경우는 기도와 경험을 통해 일어난 일들이 너무 많습니다.

때로는 책을 보다, 때로는 말씀을 듣다, 때로는 말씀의 진실을 듣다, 때로는 사탄을 제하는 방법 등 기타 여러 가지로 나에게 보여 주신 것을 보면 하나님이 나를 많이 사랑 하신다, 믿는다 해서 이 같은 은혜를 함께 나누고자 하여 이 간증문을 쓰게 된 것입니다.

성도 여러분과 함께 많은 은혜를 나누고자 합니다. 은혜 충만하시기 바랍니다.

수원 화산교회
윤 종 식 장로

나의 이력서

경기도 이천군 신둔면 도암리 628번지

학력 : 도암국민학교 졸업

경력 : 농업 – 상업 – 노동 – 한국공전 – 자영업

출간 : 1. 시집 – 네 똥 굵다

2. 소설 – 그대가 남긴 한마디

3. 수필 – 병개 젖

4. 간증 치유 은사 – 참 좋으신 나의 하나님

5. 출판사 탈고 – 태산을 넘어 험곡에가도

6. 출판 탈고 : 가을 보리 겨울나 듯(상권)

7. 출판 탈고 : 가을 보리 겨울나 듯(하권)

문단등 : 2002년 계관문학회 등단

2005년 환경문학회 등단

추천서

이 인 기 목사
수원화산교회 담임

윤종식 장로님은 수십년을 함께 걸어온 신앙의 동역자이시다.

그의 생애를 더듬어보면 마치 성경상에 나오는 요셉이나 다우시처럼 험한 세상을 걸어오면서도 굴하지 않고 승리한 신앙의 선자자를 보는 듯한 느낌이시다.

학력도 최저학력에다 경력도 없지만 '네똥굵다'란 시집과 '그대가 남긴 한마디'란 소설을 내셨다. 이번엔 또 수필을 내시는 것을 보면 문학의 대재다능함을 엿볼 수가 있다.

대개보면 소설가는 시집을 못내고 시집을 낸 사람은 소설을 못낸다. 또한 수필과 간증문까지 수많은 작품을 소장하고 있는 것을 보면 하나님께서 주신 타고난 달란트를 갖고 계신다 생각된다.

모쪼록 이번 출판으로 하여금 많은 사람들에게 진정한 삶이 이런 것이로구나 하는 삶의 진수를 보여주었으면 하는 바램으로 출판을 축하드리며 하나님의 왼총이 함께하는 장로님이 되시기를 기원합니다.

수원화산교회 담임목사 이인기

추천서

김 인 중 목사
안산동산교회

내가 아는 윤종식 장로님은 뿌리 깊은 신앙생활이 몸에 베어 마치 구약시대에 다윗과 요셉이 걸어온 역경을 보는 듯하다.

학력도 초저학력에다 경력도 별로 없지만 "네똥이 굵다" 라는 시집을 내고 "그대가 남긴 한마디" 란 소설을 내고 이번에 또 수필을 낸다고 하니 참으로 대단한 분이시라는 것을 느낀다.

그분의 순박하고 꾸밈없는 시속에서 그분의 인생관을 볼 수 있었다. 더욱이 내가 칭찬해 주고 싶은 것은 시를 쓰는 사람이 소설을 더욱 못 쓰고 소설 쓰는 사람이 시를 못 쓰는데 더욱이 이번엔 수필을 내신다고 하니 더욱 기대할만하다.

어디 그뿐인가 간증문과 생활수기가 다른 출판사에 탈고했다니 한 인간으로서 문학의 진수를 나타내는 듯한 그분의 작품에서 하나님의 성령이 함께 하는 것을 볼 수 있다는 기대에 부디 좋은 작품이 나오기만을 바라면서…

안산동산교회 김인중 목사

서 문

요즘 TV 25 채널에서 [에소시드]라는 게 나온다. 본 사람이 많은 줄 안다. 그곳에서 다루는 것은 무속인 다시 말하면 점쟁이나 무당들이 하는 것들이 나온다.

주로 보면 병든 사람 또는 정신이 돌았다고 하는 사람들을 다룬다. 그 내용을 보면 깊은 병이나 심한 정신이상자들 속에 숨어있는 귀신을 쫓아 내는 것이다.

어쨌든 간에 여러 가지 행사로 귀신을 불러내는 것을 보면 돌아가신 조상들의 넋이 들어가서 괴롭혀 이들을 쫓아 낸다. 그 후에는 큰 굿이라 해서 온갖 재물에 북과 징이 사용되고 무속인이 춤추거나 각종 행사를 보게 된다.

그럴라 치면 그 환자는 자리를 털고 일어나는 것을 나도 여러 번 보았다. 이것을 보며 이들에게도 굉장한 힘이 있다는 것을 보여준다.

구약시대에 모세가 애굽땅에 쫓기어 미디안 광야에서 하나님을 만나 '네 백성을 구하라' 하시며 그에게 큰 권세를 주시며 지팡이를 들어 갖가지 이적을 보이며 바로 앞에서 뱀으로 파리와 개구리와 각종 열 가지 재앙 중 아홉 가지의 가사를 보여 주었을 때 그들로 점술사 박수를 불러 아홉 가지 재앙으로 맞서다.

열 가지 재앙 중에 애굽에 장자를 죽이게 되자 그래서 항복을 하고 이스라엘 백성들을 풀어 주게 되는 사건이 있다. 가끔 TV 25채널에서 [엑소시드]라는 사건을 다루는 것을 보고 크게 개탄을 하는 바이다.

우리는 전지전능한 하나님의 신을 믿으며 그들이 하는 일만 바라만 보고 있어야 하나! 가끔 기독신문 같은 데서 신유은사 대성회하지만 이런 일들이 있는 교회를 좋지 않게 보는 따가운 시선들을 보게 된다.

대개 보면 큰 교회들이 거의 그런 경향이 많다. 그전 은사를 보면 비난하고 도를 넘어서면 이단이다 삼단이다 하여 비난하는 것을 본다.

성도들이 지나치게 신비주의에 빠져 들지 않나 감시하는 경향들이 많다. 거룩 거룩성을 주장하고 관리하다 보니 무소불능한 힘을 잊어버리게 되고 해서 저자는 이들과 맞서기 위해서 우리 하나님의 위대하심을 나타내 세울 때가 됐다고 생각한다.

숫자 모으고 집안 단속이 중요한 것이 아니라 세상을 하나님의 권능으로 지배할 때가 이르렀다. 생각 하면서 내가 보고 행한 바를 성령으로 말씀으로 체험으로 이 글로 대변 하고자 한다. 세상 사람들에게 점유 당하지 말고 우리가 그들을 점령해야 한다.

윤 종 식 장로

차 례

1

몸 밖에 드릴 것 없어

[늘 울어도 눈물로서 못 갚을 줄 알아 몸밖에 드릴 것이 없어 이 몸 바칩니다]

나는 늘 이 찬송을 부르기를 잦아졌다. 내가 이 찬송을 부르게 됨은 하나님 은혜의 깨달음이었을까? 이 찬송을 부를 때마다 눈물이 울걱 울걱 하고 치솟는다.

도대체 내가 40년을 넘도록 신앙생활을 하고 장로가 됐어도 뒤 돌아 보면 하나님 앞에 너무 죄송한 것뿐이다.

다른 장로들처럼 화려한 명예가 있다든가 권위가 있나 물질이 있어 풍요하게 드릴 수가 있나 아무리 생각해도 나는 남의 몸에 붙어먹고 사는 빈대 일뿐이었다. 그러기에 다른 사람들이 누리는 부귀를 잊은 지 오래고 장수에 욕심이 없고 무익한 종을 하루라도 하나님 품으로 데려가 달라고 때를 써 봐도 아직은 어디엔가 쓸 일이 남았던지 살게 하시고 건강을 주시니 뭔가 하기는 해야겠는데 하고는 나름대로 하나님의 영광을 위해서 할 수 있는 것이 무엇인가 하고 새로운 헌신을 다짐하게 됐다.

지사 충성
至死 忠誠 [죽도록 충성하라] 그리하면 생명의 면류관을 너에게 주리라. 요한계시록 2장 10절 말씀에 따라 생명의 면류관을 주신다고 하시니 일하다 쓰러지는 그날까지 충성하는 게 복이겠구나 싶어 내게 주어진 시간 최고로 활용해 힘써 왔다.

평소 새벽 3시 반에 인력사무실로 가서 일 나가려고 모여든 사람들에게 옷가지 몇 벌 팔고 나면 다시 장소를 옮겨 하루 일로 시작된다. 나름대로 기도할 때마다 "하나님 저에게도 십일조 많이 드릴 수 있게 해주세요. 손이 너무 부끄럽습니다.

이것이 평상시에 하루 일과이고 만난 이에게 "예수 믿고 천국 가세요" 이것이 하나님이 기뻐하심이라 생각된다. 또 하나는 나에게 주신 치유 사역을 널리 모든 이에게 전하리라 마음 먹는다.

2

처음 만난 은사
(하나님 나의 하나님)

내가 안양 석수교회를 다닐 때이다.

내 직장이 수원 한국 공중전화 직원으로 근무할 때인데 이때에 직장 동료들과 축구를 하다가 깔려서 담이 들어 움직이기도 불편해 가까스로 하루 해를 채우면서 내일은 병가를 내고 치료도 받고 며칠 쉬어야겠다고 마음먹고 일을 마치려 하는데 구(舊)수원 코오롱 고속터미널에서 신문, 잡지를 파는 아주머니가 나에게 책 한 권을 권했다.

내용은 박용덕 목사님이 쓴 간증문으로 [하나님 나의 하나님]이라는 책을 소개받았다. 다음날 출근하면서 의료보험카드와 돈 만원을 가지고 버스를 탔다. 어제 낮에 빌려온 책이 궁금해서 책을 폈다. 내용인즉 박용덕 목사님이 17세 젊은 청년이 문둥병(한센)에 걸렸다.

그는 소록도에 갈 수밖에 없었다. 청춘을 꽃 피우기도 전에 그의 생활은 좌절과 절망으로 눈물의 세월을 보내야 했다. 그에게는 부모 형제도 친척, 친구도 모두 외면할 수밖에 없는 소외된 생활들과 그곳에는 많은 사람들이 있었겠지만 아직 병색이 뚜렷하지 않은 자신의 입장에서 볼 때 얼마나 끔직한 모습들이었을까?

그런 와중에도 예배는 계속될 것이지만 용덕씨 마음속에는 예수님을 마음에 모시지 못했다. 그러던 어느 날이었다. 육지에서 예쁜 간호사가 한 사람이 왔다.

그 책에는 기록 되어 있지 않지만 내 생각엔 그녀를 짝사랑한 것 같다.

몸이야 병들었지만 생각까지 병들었으랴! 그 간호사 아가씨도 용덕씨 마음을 능히 읽고 있었을 것이다. 다만 그가 전할 수 있는 것은 용덕씨 마음에 예수님을 모시는 것이었을 것이다. 그는 수차례 권면했다.

"용덕씨 예수 믿으세요. 세상사람 모두가 용덕씨를 버려도 예수님은 당신을 버리지 않습니다. 부모형제도 친척도 친구도 당신을 버렸습니다. 그러나 예수님은 당신의 마음의 문을 열기 원하십니다. 예수 믿으세요. 예수 믿으세요." 그에게 간곡한 설득에도 그는 마음을 열지 않았다. 그러던 어느 날 간호사 아가씨가 고별의 인사를 했다.

"용덕씨, 저 오늘은 떠납니다. 제가 오 년의 임기를 마치고 저도 용덕씨를 버리고 떠날 수밖에 없군요. 예수 믿으세요." 이 한마디에 용덕씨는 하늘이 무너지고 땅이 꺼지는 듯한 절망으로 빠졌다.

오직 사람 같은 사람 그녀 하나만을 의지하고 살았는데 그녀마저 가버리다니 탄식하며 슬픔에 이별해야 했다.

그녀가 탄 뱃고동소리가 소록도를 떠난다.

'부~~웅 부우~~웅' 하고 배는 멀어져 가고 그녀는 손을 흔들면서 배는 점점 멀어져갔다. 용덕씨는 그 외로움이 전신을 휘감쌌다.

그리고는 하나님을 불렀다.

하나님 정말 모두 떠나가는군요.

하나님 나의 하나님 하나님은 정말 저를 버리시지 않습니까? 하고 통곡하면서 틀에 박힌 찬송가를 불렀다. 그리고는 몸부림치면서 울었다.

이 때였다. 용덕씨 몸이 이상한 증상을 보였다. 몸이 근질근질하기에 들여다보니 몸에서 허물이 벗겨지기 시작했다. 그는 놀라움과 기쁨에 부르짖었다.

"어어 허물이 벗네. 허물이 벗어" 하고 광란으로 날뛰듯 그 기쁨이 말할 수 없었다. 내가 여기까지 읽어 가는 동안 나도 감동해 가슴 깊이 묻어 나오는 감격으로 눈물이 흘렀다. 이때였다. 마치 가슴 한복판에서 무슨 응어리가 배꼽 밑으로 내려가더니 응어리의 느낌은 온데간데 없어지고 그렇게 아팠던 담 결림이 싹없어진 것 같은 느낌이 들었다.

나는 몸을 바로 펴고 이리저리 움직여 봐도 분명히 거짓말 같이 낫는 것이다. "어 나았네. 나았어!" 하며 버스 좌석에서 몸짓을 하자 옆좌석에 앉았던 여인이 이상한 듯 '힐끔-힐끔' 바라봤다.

나는 그때 상황을 담대하게 버스 내에서 외쳤어야 했는데 그 한마디를 외치지 못했다. 믿음이 연약하고 나약해서 그 한 마디를 못했다. 나의 믿음이 약한 탓이리라.

나는 그 책을 다 읽었다. 결과인 즉 박용덕씨는 곰보처럼 망가진 몸을 수술받았다. 마취도 하지 않았다.

예수님이 그 몸에 나를 대신해서 십자가에 못 박혀 돌아가셨다는 그 고마움을 몸소 체험 하고자 마취 없이 수술을 받고 신학을 공부했고 목사님이 됐다는 내용이다.

나는 그날 직장에 와서 병가를 내려고 했다가 깨끗한 몸으로 근무를 했지만 그 뒤로 그 은혜를 까맣게 잊어버린 나는 못된 놈이다.

3

한센 환자보다 더 무서웠던 아내의 병

아내의 얼굴에 이상한 증상이 생겼다. 눈동자에 붉은 핏발이 거미줄처럼 얼키설키 생기고 얼굴과 코까지 핏발이 섰다. 그리고 코에서는 항상 썩은 냄새가 난다고 했다. 이 문제를 위해서 병원에 다녀봐도 별 효과가 없었다. 일반 치료 즉 [스트라신] 연고를 항상 발라야 했다.

본인 몸도 괴롭겠지만 이를 지켜본 나로서도 매우 힘들었다. 하는 수 없이 성남시에 위치한 염광의원이라는 곳을 찾았다. 일명 나환자(한센) 전문병원이었다. 아내가 의사 앞에 섰을 때 의사는 다른 진료는 해보지도 않고 얼굴만 바라보고 물었다.

"아주머니 이 병이 발생한 지 몇 년이나 됐어요?" 아내는 얼떨결에 10년이 됐다고 했다. 실상은 내가 알기로는 화공약품을 많이 쏘여 그렇게 됐다. 그 햇 수를 따지자면 12년은 족히 된 것 같다. 의사는 얼굴을 다시 한 번 바라보더니 "그대로 사세요." 짤막한 이 한마디 뿐이었다. 한마디로 말해서 그곳에서도 고칠 수 없다는 뜻이다. 우리는 더 이상 그곳에 머무를 필요가 없어 버스를 탔다. 나는 이 참담한 대답 아래 뭐라고 할 말을 잊었다.

소위 말하는 나병환자도 고친다는 병원에서 고칠 수 없으니 그냥 돌아가란 말을 듣고 인간의 무능함을 다시 한 번 생각하며 아내의 마음을 위로해 주고 싶었지만 뭐라고 할 말이 없어 집에 돌아올 때까지 아무 말도 하지 못했다. 그냥 흉측한 몰골 이대로 살아야 하나 했다.

차멀미도 치료하신 하나님

안양에 사는 이종사촌 처제한테서 한 통의 전화가 왔다. 내용인즉 신령한 은사집회가 있으니 꼭 참석해 보라는 것이다.

나는 옆에서 전화 통화 소리를 듣고 아내에게 꼭 참석해 보라고 신신 당부를 했다. 아내와 함께 성남시 풍덕천에 있는 염광 의원에 갔다. 온 후로 마치 생선 가시가 목에 걸린 것처럼 껄끄러워 했던 차에 체제와 전화 통화하는 내용에 귀가 열렸던가 보다.

그런데 아내는 선뜻 대답하지 않는 것이다. 생각해보면 속에 사탄이 들어가 가지 말라고 방해 했던가 보다. 간다고 했다가 가지 않는다고 했다가 별별 핑계를 다했다. 나는 직장에 나가면서 당부 또 당부를 하고 온 종일 마음이 아내를 향한 마음으로 무언의 기도를 한 셈이다.

저녁에 퇴근하여 집으로 돌아 왔을 때 우리 집 대청에서 간증집회가 벌어진 것이다. 한마디로 말해서 수지맞은 날이었다. 아내에게 두 가지 큰 기적이 생긴 것이다.

아내는 버스를 전혀 타지 못한다. 버스 타는 생각만 해도 침을 질질 흘리고 차를 타기 전부터 차멀미를 하는데 갈 때는 전철을 타고 갔지만 올 때는 버스를 타고 왔어도 차멀미 하나도 하지 않은 것과 또 하나는 코에 바르던 약을 집어 던지고 왔는데 깨끗하게 치유되었다는 것이다.

나는 하도 신기하고 감사해서 아내의 얼굴을 자세히 보니 얼굴에 생기가 돌고 열심히 증거하는 모습에 활기가 넘쳤다. 이 소리를 함께 듣고 있던 한 집안 식구들과 이웃 대여섯 명이 넋이 빠져 있었다. 다음 목요일에 또 다시 집회가 있으니 모두 함께 간다는 것이다.

5

자연유산 지켜주신 하나님

아내가 10년 넘은 병이 치유가 되고 차멀미를 떨쳐버렸다는 사실이 너무 신기해서 나도 직장근무를 결근하고 참석했다.

이때 내 딸은 대학 1학년이었는데 가끔씩 도지는 담석 때문에 갔고, 한 지붕 안에 사는 새댁 이경자 성도가 참석했다.

이경자씨(지금은 권사이지만)는 그때 성도였다. 이경자씨가 참석하게 된 이유는 아기가 들었다가 유산되고, 유산되기를 몇 번씩 반복하고 나니 상황이 매우 심했던 것이다. 나는 심각한 깊은 병은 아니지만 관절, 견비통, 치질, 허리 아픈 것 자그마치 네 가지였다.

우리 일행이 도착한 교회는 순복음 교회라는 조그마한 개척 교회였는데 일행이 우리까지 해서 우리 동서가 간암으로 들어왔고 그 이외 몇 사람이 합쳐 10여명이 자리하고 있었다.

이곳에 치유은사 상황을 보니 기도를 바로 하는 것이 아니고 손뼉 치면서 찬송을 열심히 하는 것도 아니었다. 아침 10시경에 성경공부를 하는데 공부하기 전에 먼저 담임 목사이신 정휘범 목사님께서 물어보셨다.

신앙의 연조가 얼마나 되는가를 각자에게 물으셨다. 많게는 나와 우리 아내는 몇 십 년에서부터 1~2년까지 신앙의 나이가 나오자 목사님은 고개를 갸웃 하시면서 매우 어렵다는 듯이 가장 쉬운 방법으로 그림을 그려가면서 설명을 했다.

성서강해 앞에 무릎 꿇는 귀신

뒤에는 산이 있고 앞엔 냇물이 흐르고 산 밑엔 아담한 집이 있으며 개울건너 밭에는 원두막이 있으며 원두막엔 한가롭게 참외를 깎는 농부가 있다면 그림에 초점은 누구를 위한 것인가요? 그것은 바로 원두막에 쉬고 있는 주인이겠지요.

우리가 그림으로 보듯이 성경의 주인은 바로 예수님이신데 성경의 중심을 바라보지 못하고 이해가 가지 않는다면서 수십 년을 다녀도 구원의 확신이 없고 어떻게 보면 아는 것 같기도 하고 직접 구원의 확신인 질문 앞에서 어물정하고 그냥 습관적인 신앙생활에 임한다는 것이다.

그 분의 또 다른 말씀은 창세기의 말씀대로 하나님의 말씀에 순종하지 못한 죄의 대가다. 다시 말해서 선악과를 따 먹지 말라고 한 죄의 대가 때문에 에덴동산에서 쫓아내고 그 뒤로는 사단에 지배를 받게 됨으로 인간은 병들고 사망하고, 저주를 받게 되었는데 이를 불쌍히 여기신 하나님께서 예수님을 이 땅에 보내시고 그를 믿는 자마다 죄와 사망에서 해방시키시고 지옥에서 천국으로 인도하는 특권을 주셨다는 말씀을 아침 10시부터 시작해서 저녁 8시경에 끝을 냈다.

말씀 도중에 시간이 얼마나 지났는지 모를 정도였다. 간단한 점심식사를 하고 강론이 다시 시작되었다. 말씀 도중 2시쯤 되었는데 딸하고 옆에 앉아있던 이경자씨가 흑 흑 거리며 울기 시작했다.

이때 목사님께서 저더러 윤집사님 딸의 눈을 보세요. 나는 이때에 안수집사였을 때이기에 윤집사님이라 불렀다. 나는 옆에 앉아서 흐느끼는 딸애를 바라보다 깜짝 놀랐다. 딸애 눈 안구가 온통 시커멓게 변해 있었던 것이다.

순간 나는 등골이 오싹하게 깜짝 놀랐다. 목사님은 조금 더 말씀 하실 때 옆에 있던 동서가 쓰러졌다. 바라보니 그분이 원래 혀가 짧아 말을 몹시 더듬는 분이였는데 그 혀가 어디서 나왔는지 긴 혀를 빼물고 쓰러진 것이다.

그야말로 하나님의 대 역사가 벌어진 것이다. 그 목사님은 강단에서 내려오시더니 자 이제부터 역사가 일어납니다. 하시더니 우리 집 딸애한테 먼저 다가가 서셨다.

이제부터는 말을 놓습니다. 사탄한테 존대를 붙일 수 없기 때문이지요. 하고는 딸에게 명령을 했다.

“귀신아 일어나라” 이 소리에 딸은 군말없이 일어섰다.

“내 눈 똑바로 봐”

“너 어디서 왔니?”

“몰라, 몰라, 몰라”

“네 이름이 뭐냐?”

"몰라, 몰라, 몰라"

이름을 물어도 어디서 왔느냐 해도 대답은 한결같이 "몰라"였다.

목사님은 우리 아내 이집사에게 물었다.

"집사님 혹시 낙태한 적 있습니까?"

아내는 "네"라고 대답했다. 목사님은 단번에 책망했다.

"왜 감당치도 못할 걸. 잉태하고 낙태를 시켰습니까?" 하고는 딸에게 명령했다.

"불쌍한 영혼아 네 갈 때로 가거라."

딸은 그 소리와 함께 뒤로 쓰러지는데 바로 쓰러져 넘어가는 것이 아니라 마치 뒤를 받쳐주듯이 빳빳한 상태로 넘어갔다.

몸이 의자에 닿으니 목이 45° 각도로 젖혀졌다. 그리고는 숨 쉬는 것도 보이지 않았다. 목사님은 내 딸을 놔두고 이경자씨한테 갔다.

"너 이경자씨 안에 있는 귀신아 일어나"

이경자씨가 일어나자 같은 말로 물었다.

"귀신아! 네 이름이 뭐냐?"

"정경남!"

"그래 왜 죽었니?"

"연애하다 실연해서 농약 먹고 죽었어."

"응 그랬구나. 너 어디서 왔어."

"산에서 왔어."

"너 절에서 왔니."

"응."

"그래 네 친구 이경자 하고 어떤 사이야?"

"고등학교 동창 짝이야."

"그랬구나. 네 친구가 잘해주디?"

"아주 편하게 해줘."

"그래 네가 네 친구 애 낳고 재미있게 사는 게 샘이 나서 그랬니?"

"응."

"너 이제는 네 친구가 안 속아 네 친구는 하나님과 함께 하기 때문에 여기서 살 수가 없어 가야지."

"안가, 안가, 안가."

"이놈의 자식 안 갈래 가 가 가."

그러나 정경남이라는 귀신은 쉽사리 떠나지 않았다. 안 간다고 얼마를 씨름하다가 딸과 같이 똑 같은 모습으로 뒤로 넘어갔다.

그리고는 우리 동서한테 가서는 쓰러져 있는 사람에게 명령했다.

"영혼아 깰지어다" 하고는 동서를 일으켜 세웠다. 목사님은 다시 30분 가량 공부를 시키시더니 딸애와 이경자씨에게 다가가서 명령을 했다.

"영혼아 깨어날지어다."

이 소리와 함께 두 사람이 깨어나더니 딸은 그 길로 담석이 치유되었고 이경자씨는 한 번 더 오라고 했다.

그 길로 돌아왔을 때는 밤 12시가 다되었다.

나는 하루 동안 있었던 일들이 눈앞에 어른 거리면서 성경말씀에 줄기를 더듬어 가면서 이제 것 몰랐던 새로운 사실을 깨닫기 시작했다.

한 번에 네 가지를 치료하시는 하나님

그날 밤 잠이 들려고 하는데 항시 아팠던 허리가 또 아프기 시작했다.

이때 나는 영적 줄기를 찾기 시작했다.

나의 할머니께서 허리가 아프셔서 몇 발작 걷다가 말고 아이구 허리야 하시고는 몸을 뒤로 젖히고 허리를 좌우로 흔들던 생각이 났다.

또 그뿐 아니라 우리 고모가 그와 같이 허리 아픈 것을 보고는 아하 그 놈의 허리 아프게 하는 귀신이 할머니에게 붙었다 내게로 왔구나 하고는 누워 있는 상태에서 명령을 했다.

"육신에 할머니를 괴롭게 하는 허리 아프게 하는 귀신아 내게서 떠나가라" 하고 허리 아픈 부분을 감싸 쥐고 누운 상태에서 "예수 이름으로 떠나가라" 하고 명령했다.

기도하는 시간은 명령조로 하였으니 불과 30초 가량이나 되었을까. 기도를 마치고 나니 허리 아픈 것뿐 아니라 견비통에 관절에 치질까지 어디로 갔는지 싹 치유된 것이다. 할렐루야 아멘.

8

아들 형제를 주신 하나님

아내와 이경자씨가 날짜에 맞추어 목요일 날 그 목사님한테 또 다시 다녀왔다. 그리고 희열에 찬 기쁨으로 돌아와서 달력에다 표시를 하고는 두 달 후에 아기 갖는데 하고는 몹시 기뻐하는 표정이다.

두 달 후 정확한 날짜가 됐는데 이경자 씨가 경도가 없으니 아기가 잉태되었나 보다 하며 기뻐하더니 아내와 함께 병원에 다녀왔는데 그 표정이 코가 쑥 빠지도록 시무룩하여 돌아왔다. 이야기를 듣고 보니 모 산부인과에서 진단하기를 상상 임신이라고 했다. 그 소리를 듣고 나도 기분이 석연치 않아 찝찝한 마음으로 앉아있는데 그 시간에 정류범 목사님한테 전화가 왔다. 아내를 바꿔달라 하여 바꿔 주었더니 상황을 주고받는 것이다.

목사님 말씀이 "하나님은 거짓말하시는 하나님이 아니신데 그럴 리가 없을 터인데 그러면 내일 다른 병원에 가보세요. 오진 할 수도 있으니까" 하고 말씀 하셨다.

다음날이었다. 다른 병원에 가보니 임신이라는 것이다.

그러나 문제는 어제 상상 임신이기에 경도생기는 주사를 맞았으니 아이가 탄생해도 불구자가 나올 것이니 아기를 낙태 시킨다는 것이다. 그러나 이경자씨는 출산에 대한 집착 때문에 병신을 낳아도 좋으니까 그냥 낳겠다는 것이다.

그날 저녁 정목사님한테 또다시 전화가 왔다. 전후 사실 이야기를 듣고는 "참 잘 하셨습니다. 주사 맞았다는 것은 잊어버리고 기도하세요. 저도 기도할 테니까" 목사님 말씀대로 태중에 아기는 아무런 일 없이 잘 탄생했다.

이경자씨는 그 아이 탄생으로 인해 감사한 마음으로 이름을 목사님께 부탁하자 그 부탁이 나에게로 떨어졌다. "집사님이 한자도 잘 알고 하시니 주님께서 주셨다는 뜻으로 이름을 잘 지어주세요."

나는 그 부탁을 받고 주찬이라고 지어주었다. 南主讚(남주찬) 주님을 찬양하라는 뜻으로 지어 주었다. 이경자씨는 그 후 주찬이와 동생 주연이를 낳아 하나님의 귀한 선물로 아들 형제가 잘 크고 있다.

할렐루야 하나님께 찬송 돌릴지어다. 아멘

내게 능력 주신 하나님!

나는 그 일이 있은 후 하나님을 향한 시각이 달라졌다.

전에 몰랐던 은사 체험을 보았기 때문이다.

내가 본 것을 다 말할 수는 없으나 나에게 주신 은사만 기술하려 한다.

그 일이 있은 첫 주일날 교회에서 오다가다 마주친 모 집사님을 만났다.

왜 그러냐 하자 이가 아파서 두 달 동안 병원을 다닌다고 했다.

나는 저녁을 먹고 나서 내가 보고 들은 이야기를 전하고 기도 했더니 병이 치유되었다고 하고 그 후 저녁 식사까지 대접을 받아서 매우 기뻐했더니 다음에 만났을 때 괜찮은 것 같아서 물어보았더니 그 집사님은 병 낳음을 부인하면서 "낳을 때가 되었으니깐 그렇지 뭐" 그 소리를 듣자 나도 서운한데 예수님 마음이야 어떠했을까?

열 문둥이가 생각이 난다. 열 명의 문둥이를 낳게 해주셨건만 아홉 명은 인사 한마디 없이 제 갈 길로 가버리고 유대인도 아닌 이방인 사마리아 사람 한 사람만 찾아와 인사 했다는 내용이다. 너무 서운하셨던 예수님 아홉 다 어디 가고 너만 혼자 왔느냐?

9

막내 고모를 치료하신 하나님

고집께나 세고 완강했던 고모님이 어느 날 찾아 오셨다.

“애야 너 믿는 하나님 나도 믿어도 되니?” 나는 이 소리에 귀가 번쩍 뛰었다. 평소에 교회 가자고 그리도 권유 했건만 시큰둥하고 듣지 않던 막내 고모님이 일부러 찾아 오셨다. 내가 사는 집에서 약 1km쯤 떨어져 있는 곳에 사시던 고모님이 일부러 오신 것이다.

그 얼마나 반가운 일일까? 믿는 자의 기쁨이라면 한 사람을 구원 시키는 것보다 더 즐거움이 어디 있으랴 이처럼 가까스로 어린애 걸음마처럼 성전 문턱을 드나들던 막내고모께서 저녁 퇴근길에 우리 집에 오셨다.

한 동네 살았지만 서로 출퇴근 하느라 바삐 살던 터이라 몇 달 만에 보고나니 반갑기도 했지만 안색이 매우 안 좋아 보였다.

“고모님 어디가 불편 하세요?”

“응 그래 벌써 몇 달 되었다”

"왜요 어디가 어떠세요."

고모 이야기로는 경북 김천에 시댁 조카가 죽었다고 해서 다녀왔는데 그 조카가 앓고 죽었다는 것과 똑같다는 것이다.

말인 즉 "헛배가 부르고 설사만 쭉쭉 하다가 죽었다는데 나도 그 조카 앓은 것처럼 똑같아 먹어도 소화도 안 되고 헛배만 더부룩해"하고는 눈시울이 뜨거워졌다.

"어이쿠 그러셨어요. 어디 기도 합시다."하고 기도를 받고는 돌아갔다.

그 다음날 퇴근 시간이다. 고모님이 싱글벙글 하며 들어 오셨다.

"고모님 안색이 좋으시네요. 좋은 일이 있으세요?"

고모는 흥분을 감추지 못하는 어조였다.

"애야 오늘 낮에 일하는데 별안간 설사가 나서 참을 수 없어 화장실을 갔더니 속을 쓸어내리기 시작하는데 좔좔 물 내려가듯 하더니 속이 시원하기에 변을 들여다보니 마치 시골에 물이끼 풀어놓은 것처럼 아마 한 바께스는 쏟았나 봐 그러더니 이렇게 속이 시원해서 살 것 같구나" 그 길로 고모님은 병이 낳았다.

고모님도 모르는 사이에 죽은 조카에게 들어왔던 저주의 영이 떠나고 고모님은 그 억눌렸던 병마에서 해방된 것이다.

조카를 죽게 했던 그 병마가 고모님은 죽은 조카의 증세가 똑같아 그 병으로 죽게 된다는 강박관념에 벗어나 해방되었으니 하나님의 은혜는 참으로 감사 감탄할 뿐이다.

아멘 아멘 아멘.

후두암을 치료하신 하나님

내가 자판 사업을 할 때이다.

어느 날 비가 오는데 세류동에 살고 있는 고향 후배 집에 별안간 가 보고 싶어서 지나다 말고 차를 멈춰 놓고 집으로 들어섰다.

집안에 들어서자 대청마루에 사람이 10여명 모여 있고 내가 들어서자 그 부인이 반색을 하며 맞아주었다.

"어머 장로님 오시네. 그렇지 않아도 장로님한테 지금 전화 하는 중이지요"

"전화는 왜요"

"다름 아니고 시골에서 아버님이 올라 오셨는데 아버님이 후두암으로 내일 아주대학교에 입원하러 오셨어요. 우리 아버님은 예수를 안 믿으시는데 이러다가 돌아가시면 어떻게 해요. 그래서 아버님 구원 좀 시켜 달라고 지금 전화 하는 중이지요." 생각해 보면 하나님 은혜는 어찌 그렇게 구할 자를 맞춰 주시는지 기기묘묘한 일이다.

연세가 내 나이 정도 되었는데 딸 잘 둔덕에 구원 받게 됐으니 말이다.

후두암이 무엇인가 했더니 목이 손바닥 엎어놓은 것 같이 부어 있었다.

나는 기도하고 예수님과 나와의 관계성을 1시간 가량 설명을 하고 병이 왜 오는 가와 치유에 대한 설명을 하고 영접하고 돌아왔다.

며칠 후에 만났을 때 부인이 하는 말이다.

아버지가 주무시고 일어나시더니 "애야 재윤 어미야 그 양반이 용하긴 용한가 보다 목도 안 아프고 부기도 빠졌다." 이 소리에 모두는 의아했고 그래도 미심 적어 병원에 가서 진찰을 하고 나니 병색이 하나도 없이 깨끗해졌다는 것이다.

의사가 고개를 갸웃 거리며 날짜를 한 달 후로 다시 잡아 주었다고 한다.

어느덧 한 달 이라는 날짜가 되어 아버지께 전화를 했다. 그 아버지 하시는 말씀이 화를 버럭 내시면서 나아서 직장에 다니는데 병원엘 왜 다니느냐 하고 그 길로 병이 나았다고 한다. 그 후 몇 개월 후에 장모님 생신에 가서 보니 완전히 치료가 되었다고 한다.

11

교통사고도 치유하신 하나님

내가 커피 자판기 사업을 할 때이다.

박계화 집사님 공장을 향하던 중이다.

이른 봄날 새벽에 봄비가 살짝 오는 길을 큰 차도에서 공장을 가는데 공장에 다 도착하여 산모퉁이가 튀어나오고 모퉁이에 나무숲이 우거져 그곳은 항상 그늘이 져 있었다. 그늘로 인해 땅이 아직 얼어 있다는 것을 생각지 못했다.

커브를 획 도는데 살짝 온 비가 그늘진 곳에 얼음으로 덮인 것을 모르고 빙판 위에 차가 벌러덩 나뒹굴었다.

정신을 차리고 처다 보니 차가 모로 누워 각종 커피 재료와 음료 캔이 업어졌다.

안전띠를 풀고 일어나 보니 가히 다친 곳은 표는 안보이나 어깨가 아파 매우 고통스러웠다.

이렇게 몇 개월 지나 그 해 늦가을에 추수가 다 거둬드린 새벽 들판을 달려야 만했다. 매우 바쁜 나날이었다.

자판기 숫자가 자그마치 29대에다 닭, 오리, 꿩, 토끼에 오리 알까지 취급했으니 혼자 하는 일로는 대단한 사업이다.

그 날도 급하게 서둘러 다음 장소에 가보니 자판기 열쇠 꾸러미를 두고 온 것이다. 시간을 다투어 다시 그곳에 가서 열쇠를 가지고 달려가다가 그만 급커브에서 논바닥으로 추락했다.

떨어진 높이가 1.7m아래로 떨어지면서 허리가 지끈 하더니 얼마나 아프던지 논바닥을 설설 기어 나왔다. 그 당시 핸드폰이 없었고 삐삐가 있었는데 인근 마을에서 전화를 빌려 구조를 요청하여 차를 올려놓고 병원엘 갔다.

엑스레이를 찍어보니 허리 아래서 넷째 마디가 빠져 나왔다고 한다.

그 뒤로부터 나는 아르바이트생 한 아이를 불러다 일을 하고는 약 먹고 치료하고 별 짓을 다해도 전혀 차도가 없었다.

그 아픈 정도가 어느 정도나 됐는지 물리 치료하러 침대에 올라가는데 다른 사람의 도움을 받을 수가 없고 혼자 10여 분 헤매야 올라갔다.

침상에서 내려올 때도 또한 마찬가지였다.

하루가 지나 열흘이 지나도 점점 더 아프기만 했다. 12일째 되는 날이다.

아하, 이것은 치료해서 되는 일이 아니구나 하고는 주여! 믿습니다. 하고 먹든 약을 던져버리고 병원에도 안 가기로 결단하고 집에 돌아오니 그 길로 언제 아팠던가 하고 싹 낳았다. 우리가 생각 할 때는 참으로 신기한 일이다.

그러나 하나님의 일은 죽은 자를 살리신 능력 믿는 자에게만 그 특권을 누릴 수 있다는 귀한 사실을 잊지 말자.

지금 와서 생각해보니 우리가 하나님을 믿되 하나님께 전적으로 맡겨야지 기도하는 하고, 한 끈은 세상 방법으로 약이나 병원에 의존해서는 하나님께서는 들어 주시지 않는다는 사실을 깨닫게 됐다. 하나님께 전적으로 맡기는 믿음 이래야만 하나님도 기뻐하시리라.

12

억세게 재수 좋은 사나이

우리가 예수 믿는다는 것은 영육간에 모든 문제를 해결하신 하나님이라는 것을 잊지 말자.

나는 가끔 하나님의 말씀은 잘 차려놓은 밥상과 같다. 라고 생각이 든다.

그러나 아무리 잘 차린 밥상이라도 골고루 먹지 않으면 소용이 없는 것이다.

그러나 사람들이 그 밥상을 모르고 먹지 않는다면 무슨 소용이 있겠는가.

그런가 하면 입 맛이 달라서 편식을 한다고 보자. 어떤 사람은 고기를 좋아 하고 어떤 사람은 채식을 각양 여러 가지를 골고루 먹지 못하는 것이 대부분의 사람이다. 이처럼 하나님의 은사는 각양 여러 가지이다.

어떤 사람은 방언의 은사, 치유의 은사, 통역의 은사, 앞을 내다보는 투시의 은사 그런가 하면 물질의 은사, 지혜의 은사 각양 여러 가지로 쓰임 받게 된다.

할 수 있다면 모든 은사를 다방면에서 모든 영육간에 모든 은사를 받으면 좋겠지만 그렇게 각양의 은사를 다 받을 수 있다면 그것은 하나님과 동일한 권세를 누릴 수 있다고 보겠다.

나는 이따금 나의 영적 치수는 얼마나 될까 하고 생각해본다.

예를 들어 예수님이 하나님과 동일한 은혜로 꽉 차서 영적 치수가 100%라고 한다면 그 영적 상태는 자나 깨나 앉으나 서나 하나님을 향한 넘치는 생활일 것이다. 그러나 나의 영적 상태는 하루 생활에 몇 %나 될까?

내가 어떤 때는 진정한 마음으로 예배를 드린다 했어도 별 생각이 들 때가 많다. TV에서 모든 중계프로 또는 못된 습관으로 손장난 말씀을 들을 때는 책을 본다든가 기타 등등으로 예배에 전력하지 않는다면 그것은 겉모양만 경건하게 보일 뿐이지 그 시간마저도 사단에게 마음을 빼앗겼다는 것이다.

더욱이 기도 할 때 예배드릴 때도 줄이 잡히지 않아서 온전한 예배를 드리지 못했다면 나의 영적 상태는 예수님에 비하면 단 100% 중 1%도 안 될 수 있다.

그러나 순간순간 정신을 가다듬고 예수님을 모시고 주의 뜻대로 살고자 했을 때 그 하나만이라도 어여삐 보셨기에 네 믿음이 겨자씨만한 믿음만 있어도 산을 옮겨 바다에 던지 우리라 하심처럼 하나님은 참으로 관대하시고 좋으신 분이시다.

누가복음에 보면 구원받은 강도가 나온다.

그 강도가 아무런 좋은 업적을 남긴 적도 없으나 그 짧은 한 순간을 예수님과의 만남에서 지옥에서 천국으로 바뀌지는 그 순간이야말로 이제 것 살아온 성서 중의 인물 중에 가장 억세게 재수 좋은 사나이가 아닐까? 그러기에 예수님의 말씀에 우리가 의롭고 믿음이 많고 지혜가 있어서 구원 받는 것이 아니라 내가 죄인임을 알고 고개 숙이고 주님 앞에 고백 했을 때에 나를 억눌렀던 사단은 떠나고 그 순간부터 나는 아바 아버지라고 부를 수 있는 특권을 받게 되는 것이다.

마치 나의 속모양 겉모양을 예수님께서 그의 흘린 보혈 보자기로 싸서 하나님께 바칠 수 있는 성물이 되시는 것을 우리가 하나님의 특권으로서의 인증을 받았으니 이후에는 구원에 나의 행위가 인정되어 구원받은 자로서의 축복 위에 상급이 있을 터 그러기에 죽도록 충성하다 그리하면 생명의 면류관을 받으리라.

아멘, 아멘, 아멘

13

말씀의 방망이 앞에서

내가 직장에서 일 할 때이다.

항상 현장 근무라서 공중 전화박스만 찾아다니는 일이다.

어느 장소에 도착하는 곳에 나이가 25세쯤 되는 아가씨가 나를 보더니 "아저씨 서울 모모 교회를 가려고 하는데 어떻게 가요?"

"글쎄요. 서울에 교회가 하도 많아서 알 수 없지요."

"나도 교회를 다니지만 다 알 수가 없어요."

그러나 그 여자는 또다시 물었다.

나 역시 똑 같은 대답을 할 수밖에 없었다.

그러나 눈빛이 무엇엔가 쫓기는 사람처럼 두려움에 눌린 사람 같고 말을 종잡을 수가 없기에 나는 되물어 봤다.

"아가씨 그 교회에는 왜 가려 하는데요?"

"나요. 기도 받으려고 그래요."

나는 그제야 이 여자가 사단에 눌렸거나 병이 있구나 싶어

"아가씨 기도는 꼭 그 교회만 가서 받는 게 아니고 가까운 교회에 가서 예수 잘 믿고 그 교회 목사님한테 부탁하면 돼요."

그렇게 말하자 매우 다급한 사람처럼 또 보챘다. 그러나 보챈다고 해서 내가 알지도 못하는데 데리고 갈 수도 없고 뭘 알아야 들어주지 더욱이 근무 중이니 하고 혼자 중얼거리면서 예수복음을 전하기 시작했다.

"아가씨 내 이야기 좀 들어봐요. 교회를 다녀봤나 본데 수학에도 공식을 알아야 답을 풀듯이 예수 믿고 병 낫게 하는 것도 공식이 있어요. 그것은 다름 아닌 창세기에 보면 하나님이 모든 만물을 다 만들어 놓고 인간 아담과 하와에게 재미있게 잘 살라고 했는데 그러나 그 중에 사람이 지켜야 할 하나님과의 약속이 있어요. 다른 것은 다 소유가 되도 선악과라는 이 열매 만은 손대지 말라 했건만 아담과 하와는 그 열매를 땄지요.

그 후 하나님께서 노하셨기 때문에 아담과 하와를 에덴동산에서 내어 쫓았지요."

여기까지 이야기를 하였는데 이 아가씨가 벌벌 떨면서 뒤로 나뒹굴어 지려 하니 나는 그게 사단이 말씀에 방망이를 맞고 무서워서 떠는 것이로구나. 했지만 길바닥에서 나뒹굴어지면 어쩌란 말인가 하고 당혹스러워 복음전도를 멈췄다.

그 여자는 말을 멈추자마자 어디론가 쏜살같이 기회는 이때다 싶었는지 달아나버렸다. 나는 그때만 해도 안양 모 교회에서 보고 나도 은혜받았지만 나한테도 그런 능력이 임했다는 것은 생각도 못했다.

속으로나마 그런가 보다 하고 내심 고개를 갸웃둥 하면서 살았다.

두 번째 말씀 앞에서

수원에 원천 유원지가 있다.

이른 봄이기 때문에 봄맞이 손님은 없고 이곳저곳에서 봄맞이 단장에 일하는 인부들만 이따금씩 오락가락 하는 중 웬 낯 모를 청년 하나가 공중전화 부스 옆 벤치에 앉아서 쉬고 있었다.

나는 그 청년에게 다가가서 전도할 속셈으로 "여보게 청년 예수 믿게 예수 믿고 천국 가야지" 그리고 다시 말씀을 전하려 하는데 나를 보더니 덜덜 떨면서 뒤로 넘어지려 했다. 이때도 성령의 역사라는 것을 깨닫지 못하고 "야 인마 너 왜 그래" 하자 "어 어 저 무서운 놈" 하더니 무서운 속도로 뛰기 시작했다.

그 청년이 뛰어가는 쪽을 바라보면서 나도 뒤따라갔지만 저수지 뚝방 쪽으로 뛰는 것만 보았지 금세 어디로 갔는지 알 수가 없었다.

나는 그제야 아하 나한테도 귀신을 쫓는 능력이 있구나 하면서 예수님께서 거라사 지방에 귀신들린 사람한테 찾아가 귀신을 내어 쫓자 2,000

마리의 돼지 떼로 들어가 물로 빠져 죽었다는 생각이 나서 혹시 이놈이 물에 빠져버렸나 하는 생각이 들었다. 분명히 저수지 뚝 쪽으로 뛰어 가는 것을 보았기 때문이다.

나는 또다시 하나님께서 나를 통해 역사하시나 보다 하고 하나씩 하나씩 말씀을 되새기면서 성령의 역사를 생각하게 되었다.

15

세 번째 말씀

토요일 한 낮이다.

수원 남문에 상일약국 앞이다. 수원에서 제일가는 번화가인지라 사람들이 발 디딜 틈도 없다는 말을 이런대 쓰이나 보다.

시민들과 중, 고등학생들이 쏟아져 나오니 공중전화 부스엔 많은 인파가 있었다.

1990년부터 2000년 때에 핸드폰이 별로 없었던 때이다.

공중전화 성업이 한창 이루어 졌던 것 같다.

나도 토요일이라 오전 근무만하고 퇴근해야 한다는 생각으로 서둘러 일을 하는데 키가 훤칠한 예쁜 아가씨가 나한테 오더니

"아저씨 아리랑호텔을 어디로 가야지요?" 하고 물었다.

나는 무심코 "응 이 길로 쭉 가다가 우측 방향으로 가면 역전으로 가는 큰 길이 나와 그 길로 가다 보면 오르막길이 비스듬히 나오는데 그곳에서 몇 백 미터 가면 우측에 있지." 나는 비교적 자세하게 가르쳐 주

었다.

이 처녀가 불과 2~3분 만에 다시 왔다.

"아저씨 아리랑호텔을 어디로 가야지요?" 하고 처음 묻는 것 같이 똑같은 물음을 하고 있었다.

"쭉 내려가서 우측으로 꺾으면 된다니까." 하고는 그 여자를 보냈는데 그 여자가 또다시 와서 똑 같은 물음이었다.

나는 그제야 이 아가씨가 아리랑호텔에서 무슨 일이 있었구나! 하고는 그 아가씨를 공중전화 부스 옆에 세워놓고 "아가씨 큰일 났네 예수 믿어야겠다. 예수 믿어야 살아." 이 소리를 하자 "으악" 하고 큰 소리를 외치고는 번개처럼 달아났다.

주여! 감사합니다. 저를 사용의 도구로 쓰임 받게 하소서 하고 감사하면서 다음번에 이런 이를 만나면 단번에 명령하여 귀신을 내어 쫓으리라.

16

자신 없는 믿음에 귀신한테 혼나고

직장에서 현장 감사가 나오는 날이다.

근무시간 두 시간 전부터 일찌감치 서둘러야 했다.

내가 맡은 구역은 수원 제일 번화가 남문로를 중심으로 했기 때문에 현장 감사가 나왔다 하면 우선 타켓이기 때문이다.

이른 아침 남문에 사람들이 거의 없는 상태에서 어쩌다 부지런한 장사꾼이나 눈에 뜨일 정도 이었는데 저편에서 40대 중반쯤 되어 보이는 여자 하나가 한복을 곱게 차려 입고 머리에는 주먹만한 꽃을 꽂고 한 손엔 장미를 들고 춤을 추면서 오더니 막 문을 연 청호약국으로 따라 들어갔다.

나는 마음속으로 "올 치 올 것이 왔구나. 이번엔 단번에 예수 이름으로 물리쳐야지" 하고는 나도 따라 들어갔다.

이때 그 여자가 앉아서 나를 보더니 장미 한 송이를 들면서 "자기나 어때" 하고는 웃었다. 나는 내심 생각이 있어 들어갔기에 그 여자

앞에 섰다.

그런데 옆에 다른 사람이 있어 그런지 왠지 좀 자신이 없었다.

그러나 나는 그 여자에게 말했다.

좀 더 큰 소리로 했어야 했는데 지금 생각해도 영 발이 부족했던 것 같다.

작은 소리로 "귀신아 떠나라!" 이 소리를 들은 그 여자가 나한테 다그쳐 물었다.

"야 너 지금 뭐라고 했지!" 이 소리에 더욱 떨떠름하고 자신이 없었던 것 같다.

그러나 기왕 말이 나왔으니 또다시 작은 소리로 말했다.

"귀신아 네 게서 떠나라!" 이 소리를 들은 그녀가 벌떡 일어나더니 웃옷을 벗어 던지고 덤벼들었다.

"야 이 새끼야 뭐 어째 너 이 새끼야 한번 해보자."

나는 더 이상 저항도 하지 못하고 귀력에 말려 뿌리치고 도망을 했다.

일하던 연장도 팽겨치고 건너편 공중전화 부스에 숨어 가슴이 통탕거리고 다리가 후들거리며 떨고만 있었다.

나는 그 여자가 다른 곳으로 떠났지만 몰래 숨어서 연장을 챙겼다.

우리가 이러는 사이에 인파는 늘어나고 나는 뒤를 잡아당기기라도 하는 것 같아 장소를 옮겼지만 그 여자의 눈에 띌세라 주위를 살피며 달아나고 보니 내 마음은 하루 종일 아니 지금까지도 그때를 생각하면 쥐구멍이라도 들어가고 싶은 부끄러운 심정을 금할 수 없다.

주여, 이 부끄러움을 용서하여 주옵소서. 이 같은 일은 성서에 제사장 아들 같은 사실을 되새기며 주여 저에게 성령의 두루마리를 덮어 주옵소서.

아멘!

17

고모부를 가장한 귀신

귀신들린 여자에게 혼이 나고 그 일로 인해 생각날 때마다 무시로 기도를 했다.

일할 때나 기도할 때나 그 부끄러운 수치를 용서해 달라고 하다 어느덧 안수집사에서 장로가 되었다.

그때 당시 내가 유치부 부장으로 10년 재직 중이었는데 우리 교사로 있던 한 청년이 미국으로 유학을 가게 되었는데 그 당시 우리 부부가 역전 찬양전도를 열심히 했던 터이다. 우리는 그 청년을 그냥 보낼 수가 없어서 나의 아내 이권사 더러 집에 가서 저녁 준비를 해놓으시오. 정선생님과 몇 명이 같이 갈테니 하고 역전찬양을 마치고 집에 저녁 준비되었으니 우리 집으로 가자고 하니 청년 몇이 "장로님 그냥 집으로 돌아가세요. 저희끼리 같이 가서 저녁식사 할 터이니" 해서 나는 집으로 돌아왔다.

집에 돌아와보니 이게 웬일이지 아내는 식사 준비는 안하고 장롱 안을 다 뒤져서 흩트려 놓고 벽에 기대어 몸을 비비 틀고 얼굴이 불그스레하게 달아올라 있는 상태로 입을 벌름 벌름하고 있었다.

"아니 이사람 밥은 안하고 뭘 하고 있는 거야" 하자

"나 죽어 나 죽는데."

"여보 그게 무슨 소리야 죽긴 왜 죽어."

"몰라 그래서 나 농 정리하는 거야 나 죽고 나면 누가 보더라도 살림 더럽게 했다고 할까봐 농 정리해."

그리고 잠시 후 또다시 말문을 열었다.

"여보 도봉리 고모부 돌아가셨다고 전화 왔었어."

"응 그래 돌아가셨어."

나는 이 소리를 듣고 곧바로 이천 고모 댁으로 전화를 했다. 그곳은 내가 자란 고향이고 고모부 내외 두 분이 함께 재미있게 이웃에서 살고 있었다. 전화를 받은 것은 그 고모부 장남으로 동생이 받았다.

"네 아버지 돌아가셨어요. 5시 반에 돌아가셨어요."

"응 그러셨구나. 5시 반에 돌아가셨다고."

"네 5시 반이요"

이 소리를 옆에서 듣고 있던 아내가 외치는 소리로 대답했다.

"맞다 5시 반부터 그랬어."

"응 5시 30분에 그랬어." 이렇게 응수하고는 내심 집히는 데가 있었다.

고모부께서 돌아가시기 4일전에 이곳 동수원 병원에 입원하셨다 기에 갔더니 인사불성이시나 말은 못하지만 듣고는 있었다.

아이들에게 물었다.

“야 아버지 그렇게 건강하시던 분이 어찌 여기를 오셨냐?”

“네 경운기 몰고 들에 갔다 오시더니 별안간 정신을 잃고 수족을 못 쓰시고 해서 이곳에 모셨지요.”

“응 그랬어.” 하고는 전화를 끊었다.

나는 귀신의 정체를 알았다 싶어 아내에게 손을 얹고 명령을 했다.

“육신의 고모부 박치숙에게 괴롭혔던 귀신아 이희순 권사에게서 떠나라.” 이렇게 단호하게 명령하자 아내는 피식하고 쓰러졌다.

나는 자신이 생겼다. 여러 번에 귀신 쫓아내는데 불발로 끝났던 것이 비로소 그 능력이 나타난 것이다.

아내는 불과 5분 정도 있다가 일어나더니 휴 ~ 하고 한숨을 내 쉬고는 멀쩡한 상태로 돌아왔다.

나는 다음날 상가집에 가기로 했다.

다음다음날이 장례지만 처조카이기 때문에 직장에서 두 시간 정도 앞당겨서 조퇴하고 상가집에 도착했을 때가 7시쯤 되었다.

내가 들어서자 이 집에서 또 야단이 난 것이다. 돌아가신 분은 이미 돌아가셨지만 내 이웃에 사시는 막내고모님이 낮 12시경에 도착해서 돌아가신 분 앞에서 슬프게 슬프게 우시는 것이다.

그도 그럴 것이 막내 고모님이 영감님이 돌아가시고 혼자 사는 고모가 불쌍하다 하여 정겹게 아껴주시던 형부께서 돌아 가셨으니 슬픔에 슬픔이 더욱 컷던 것이다.

그런데 이게 웬 슬프게 울던 고모님이 별안간 가슴이 답답하고 수족이 틀리듯 중압감이 왔다는 것이다.

내가 도착했을 때는 더 이상 이곳에서 머무를 수 없어 안양 쪽에서 오신 손님 편에 집으로 돌려보내야겠다는 방침을 세웠던 것이다.

사단이다. 귀신이란 말은 들어봤지만 이놈의 귀신 장난이 처가 쪽으로만 교묘하게 찾아 들어 괴롭히는가 싶었다. 일단은 내 집에서 있었던 똑같은 사단의 역사를 보고 또다시 귀신에게 명령했다.

“주 예수의 이름으로 명하노니 육신에 고모부 박치숙씨에게 괴롭혔던 더러운 귀신아 우리 고모에게서 떠나가라.” 하고 어깨를 툭 쳤다.

하나님의 정권을 대리로 내게 주셨던가 보다.

하나님의 말씀은 방망이 같다고 했던가? 고모님은 힘없이 쓰러졌다.

정신을 잃고 쓰러진 뒤 한 20분 후에 부시시 일어났다.

이 상황을 보던 사람들이 모두 놀랐다.

“어머나 정말 귀신이 있나 봐” 하고 새삼 놀랐다.

귀신이라 …… 사람들이 사단이다. 하면 별로 생각하고 마귀 하면 조금 더 생각하고 귀신 하면 무서워하는 까닭이 무엇일까?

우리는 귀신이란 말을 성경 이외도 수없이 귀신이란 말을 들어왔다. 그러나 사단과 마귀란 말은 흔한 말이 아니기 때문에 사단이란 말은 별로 귀에 익지 않는 말이기에 대수롭지 않게 생각할 수 있으나 성서에서보는 사단 고등 술책을 갖고 있는 인격적으로 우리를 현혹한다.

가까운 가족이나 친구를 통하여 예배를 방해할 수 있다면 예를 들어 가족 중에 결혼이나 행사가 있을 때 예배를 못들이고 그곳에 갔다면 그것은 곧 사단에게 지고 만 것이다.

마귀의 속성은 행동이 악하여 물불을 가리지 않고 선량한 사람을 괴롭혔다면 그것이 곧 마귀의 속성이라고 보면 되나 귀신의 속성은 우리 맘에 몰래 들어와서 우리를 괴롭히는 것이 귀신의 속성이 아닌가 싶다. 그렇다면 이 세상은 사단과 마귀와 귀신의 역사가 항상 우리를 노리고 있으니 늘 성령으로 무장하여 악을 멀리하여 이겨나가자.

사단과 마귀와 귀신의 구별

내가 사단을 연구한 사람이 아니라서 잘 모르겠지만 나름대로 정리 한다면 사단은 분명히 귀신의 왕이라 했다. 그렇다면 사단의 정체는 매우 고등수법을 쓴다고 보면 될 것 같다. 이를테면 사단은 때로는 부모를 통해서, 친구나, 친척 또는 권세나, 돈, 명예를 통해서 하나님의 어린양 등을 방해 한다고 보면 될 것 같다.

예수 믿는 성도를 예수 못 믿게 또는 교회를 나가지 못하게 하는 고등술책의 여러 가지 방법을 이용했다.

가령 교회를 가려 하는데 전화 한 통이 왔다.

"여보게 나 아무개 친구 누구야 나 오늘 수원시 ㅇㅇ행사에 가게 되었는데 웬만하면 나와 주겠나. 나 좀 도와줘" 어떻게 보면 지극히 인간적이요, 사무적이다.

절친한 친구가 ㅇㅇ행사에 주역으로 수원시 행사장에 온다는데 능히 그런 부탁도 할 수 있고 또한 전해들은 사람으로는 들어 줄 수 있는 일이다.

그러나 이것이 사단의 술책일 수 있는 것이다.

그런가 하면 가까운 집안 식구 중 주일날 결혼식이 있어 나의 예배를 방해 한다든가 때로는 친구들과 어울림에 술좌석을 함께 한다든가 사단은 지극히 신사적이요 인간적이다. 그렇다면 마귀는 무엇일까?

내가 생각하는 마귀는 포악적이다 라고보면 될 것 같다.

남을 괴롭히는 일에 노골적이다. 폭력적이고, 사기적이고, 갈취와 공갈 못된 행동 등을 표출하는 행위이며 귀신은 지극히 힘이 없는 놈일 게다.

마음의 성령이 충만하지 못하고 속이 비워있고 잡다한 생각으로 공허한 틈을 타서 우리의 마음에 틈을 타서 살그머니 자리 잡고 마음을 괴롭히거나 병들게 하거나 하는 생각으로 이 집안에 일어나는 일들을 생각해 봤다.

내가 이 동네에 살았었고 이 집에와서 이웃에 함께 살던 박씨 가의 일들을 너무나 잘 알고 있다.

생각해보니 보통 일이 아닌가 싶었다.

고모부님의 막내아들이 10년 전에 친구들하고 낙수제라는 곳에 장비도 없이 등반 하다 떨어져 죽은 뒤에 얼마 있다 죽은 동생의 6촌이 옥상에서 일하다 떨어져 죽고 그 뒤로 남자만 6명이 죽고 한 사람은 무기징역 한 사람은 정신병원에 갔으니 이 집안에 영적 저주가 끊일 새 없다는 것을 알았다.

나는 몇 명이 모인 식구들에게 오늘 있었던 일들을 짚어가면서 너희는 어떻게 생각하니 하고 쿡 찔렀더니 모두 놀랬다. “자 이 집안에 큰 일이다. 내가 알건대 누구 죽고 난 뒤 누구누구 하고 짚어가면서 지금

박씨네 주변에 큰 문제가 이렇게 일어나고 있는데 어찌 생각하니 하고 조목조목 짚어나가자 이 집안 친척 되는 사람이 소스라치게 놀라며 "어 정말 그러네요. 우연으로 생각했는데 어떻게 해야지요?"

나는 담대하게 외쳤다.

"뭘 어떻게 해. 예수 믿어야지 조금 전에 이 집 이모 죽다 살아난 것 봤잖아 이번엔 네 차례가 될지 몰라." 하고 꽉꽉 집어냈다.

옆에 있던 박치배라는 사람이 "네 알았습니다."

"저 예수 믿겠습니다."

그런가 하면 희미하게 믿었던 이 집 동생이 더 확신을 갖는 듯 했다.

내가 진작에 이 사실 영적 상태를 알았으면 고모부를 살릴 수 있었을 텐데 하고 좀 더 미처 몰랐던 게 아쉽기만 하다.

하나님의 역사가 새삼 두렵기도 하고, 감사하고, 신기하기만 하다.

영적 문제는 힘으로, 돈으로, 무력으로, 의술로도 아닌 오직 성령의 역사만이 우리가 승리할 것이라는 자부심이 생긴다.

19

하나님의 음성으로 건강을 회복한 나

내가 여러 모양으로 성령체험을 하고 있을 때 나름대로 나에게 큰 두려움이 생겼다. 지금 생각해보면 전적으로 나의 책임이었다.

이렇게 귀한 은사를 체험하면서 목사님에 대한 두려움과 죄의식에 사로잡혔다. 이같은 은사를 받았으면 담임 목사님께 의논해야 했는데 혹시 알면 어쩌나 알고 나면 제지하지 않을까 하는 생각들이 엄습했다.

그러나 소문 듣기에 모르실 리가 없다는 생각이 들었다.

설교하실 때 아니겠지만 내가 듣기에는 나를 빙자해서 하시는 말씀이라 느끼기 때문이다. 지금 생각하면 내가 목사님 입장이라도 능히 염려하고 노했을 것이다.

그래서 일까 나에게 신체상 큰 문제가 생겼다.

여성들에게 말하기 부끄러운 일이지만 봄부터 차츰 차츰 성기능이 약해지기 시작했다. 그렇게 되기를 10여 개월 지나도록 아내와의 관계가 딱 끊기자 아내가 몹시 괴로워 했다.

나 또한 남자로서의 구실을 못하는 게 그처럼 부끄러울 수가 없었다.

아니 부끄러움과 괴로움을 넘어 가정의 평화가 깨지는 것 같았다.

집에 들어오기 싫고 아내 보기가 두려워지고 어디론가 떠나고 싶었다.

어느 때는 아내가 바람이라도 났으면 하는 생각과 또 어느 누구를 데려다 주고 싶은 그런 생각들이 수없이 뇌리를 스쳤을 때 아내 마음이야 오죽했을까 그때 내 나이 40대 후반 이였으니 말이다.

그때 나는 새로운 결단을 했다.

내가 그래도 안수집사인데 기도를 해 봐야지 하고 작심을 하고는 기도에 돌입했다. 이 당시에 아들이 방위를 받는 중이었다.

내가 아들보다 한 시간 일찍 퇴근하는 그 시간을 이용해서 아들 방에서 기도하기로 했다.

"하나님 저에게 새 힘을 주옵소서. 아직 나이가 젊은데 부부간에 즐기라고 아내를 주셨는데 아내가 매우 괴롭게 생각하고 있습니다. 저 또한 더 즐겁게 살고 싶습니다. 저에게 새 힘을 주옵소서. 제가 잘못된 게 있으면 용서해 주시고 새 힘을 주옵소서." 기도의 내용은 대략 이런 내용이었다.

이렇게 하기를 3일째 되던 날이다. 엎드려서 분명히 나는 내 요구를 간구했는데 마치 귀를 후려치는 것같이 멍 하고 윙 소리를 내더니 "야 이놈아 언제 예수님이 아들딸 낳고 부부 생활하다 죽었냐." 나는 이 소리에 깜짝 놀라 기도를 멈췄다.

이게 도대체 무슨 소리야 하고 그 소리를 되새겨보니 분명히 "야 이

놈이 언제 예수님이 아들딸 낳고 부부 생활하다 죽었냐." 이 소리를 또다시 되새겨보니 그것은 분명히 성령의 말씀이 나를 통해 내 입으로 하신 말씀이었다.

"오 주여 감사합니다."

이 부족한 종을 예수님의 가정생활과 비교해 주시다니요 주여 깨닫게 해주시니 감사 합니다.

"제가 예수 믿는다고 했지만 예수님의 경건생활을 한 번도 생각지 못하고 제 욕망만 간구했네요.

주님 이제는 저의 모든 사욕을 버리게 하옵소서. 제 힘으로는 감당 못하니 아버지여 성령으로 덮 입혀 주옵소서. 예수님의 이름으로 기도 드립니다. 아멘."

나는 울며 울며 참회했다.

이렇게 20여분 기도하고는 아내가 있는 안방으로 들어갔다.

그리고는 아내에게 전후 사실을 이야기하고 아내에게 양해를 구했다.

"여보 부족한 나를 예수님 생활과 비교해주시며 깨닫게 해주시니 우리 이제 모든 욕망을 버리고 예수님처럼 살기를 닮아 갑시다.

우리 나이 오십이 다 됐고 아들딸을 낳고 했으니 친구처럼 예수님만 바라보고 삽시다. 이렇게 전후 사실을 이야기하자 아내도 그렇게 하자고 고개를 끄덕였다.

너무 감사했다. 아내도 나도 성령의 은혜로만 살기로 했는데 정말 모든 것을 다 얻은 듯이 기뻤다.

정말 죄의 사슬에서 풀어주신 예수님께 감사 드렸다.

그렇게 기쁠 수가 없었다.

그렇게 모든 짐을 벗어 던지기를 약 한달 가량 지났을까 이게 웬일인가 죽었던 성기능이 살아나기 시작했다.

사흘째 되는 때부터 마치 신혼부부가 만난 것 같이 새 힘을 주셨다. 매일 매일 저녁…… 이렇게 지나기를 약 40여일 지속되더니 정상으로 돌아왔다.

일주일에 두어 번씩 하나님께서 나에게 새 힘을 주셨다. 이 같은 간증은 내가 몇몇 사람에게 전한바 있지만 공석에서 한 적은 없었다.

더 이상은 감출 수 없는 금은보화를 내놓듯 하나님께 증인된 마음으로…… 아멘!

20

올바른 예배는 건강을 치유하심

하나님의 은혜는 각양 여러 모양으로 부어주신다고 믿는다.

한창 바쁘게 돌아다닐 때이다.

아내와 함께 커피 자판기를 한 바퀴 돌아다니는 도중 몸살이었던가 보다.

팔 다리가 쑤시고 몸에 열이 펄펄 끓어올랐다.

그날이 때마침 수요일이었는데 집으로 돌아가서 이불을 푹 쓰고 누워 약이라도 먹어야 하는가 아니면 교회에 가서 예배를 드려야 하는가 하고 갈등이 생겼다.

나는 그래도 교회에 가서 예배를 드리자 하는 생각으로 예배에 임했다.

나는 예배에 내 목숨을 걸듯이 예배에 집중했다.

찬송이 시작되었다.

내 열정을 다 받쳐 목이 터져라 하고 전심을 다 드려 찬양을 불렀다.

사울왕이 악신이 들릴 때에 다윗이 수금으로 찬양을 드렸을 때 악신이 떠났다 했는가. 내 목소리를 다해 목이 터져라 하고 찬양을 불렀다.

나를 아는 사람들의 말에 의하면 목소리가 특이하게 크다고 한다.

이처럼 큰 목소리를 목이 터지라고 불렀으니 다른 사람들이 들었을 때 웬일인가 목소리를 저렇게 찢어지라 하고 부르는가 했을 것이다.

찬양을 크게 불렀다는 것은 예배에 전심을 다했다고 볼 수도 있을 것이다.

이렇게 첫 시간부터 열정을 다해 찬양을 불렀고 말씀에도 두 귀를 쫑긋하고 들었다. 한마디로 예배에 전심을 다한 셈이다.

예배에는 담임목사 이인기 목사님에게 수차례 듣던 다섯 가지 원칙이 있다고 했다.

(정시) 인도자와 눈맞춤을 한다.

(정좌) 바로 앉아서 예배의 자세를 취한다.

(정청) 바로 듣는다.

(정색) 바른 생각

이 같은 예배의 올바름이 곧 하나님과 직통하는 예배가 아닐까 생각이 들었다.

나는 수요 예배가 다 끝나기도 전에 몸에 열이 나고 팔 다리가 쑤셨던 것이 싹 가셨다. 우리가 몸이 좀 불편하다고 예배를 기피 할 때가 많다.

그것은 바로 내 몸을 병마한테 내주는 꼴이 되고 말지니 건강할 때 감사하고 성령 충만하고 몸 아플 때 하나님께 매달리자 하는 나의 방법이요.

하나님께서 기뻐하시리라. 아멘!

21

간질병의 저주를 꺾으신 하나님

IMF가 터진 지 3년째 되는 해이다.

회사 몇 군데에 설치했던 커피 자판기가 하나씩 하나씩 무용지물로 쓸모없게 되었다. 축산물을 공급하는 식당들이 문을 닫기 시작했다.

여러 가지 궁여지책으로 웅진코웨이라는 정수기 회사에 들어가게 됐다. 정수기 회사라는 것이 일종의 다단계라 이곳에 와서 화술 좋고 인맥 좋은 사람들은 많은 매출로 돈을 잘 번다고 하지만 나는 왠지 성적이 좋지 못했다.

나름대로 열심히 한다고 했지만 성적은 별로 였다.

책상 하나에 두 명씩 마주앉아 하루 첫 만남의 인사와 미팅으로 기를 불어주는 일로 하루가 시작된다. 시대가 IMF로 많은 실업자들이 생기게 된 터에 수많은 사람들이 일자리를 찾고 있었다.

그때 아가씨 한 명이 입사했다.

체구가 꽤나 크고 훤칠한 아가씨가 우리 팀에 들어왔는데 우연치 않게 내 책상과 마주앉게 됐던 이 아가씨가 나하고 눈만 마주치면 어깨를 움찔하고 놀라고 놀라고 하는 것이다.

내 생애에 참으로 별일도 다 많다 저놈의 아가씨가 왜 나만 보면 저지랄이야 하며 생각을 하는데 어느 날은 내가 미팅을 마치고 집에 간다고 나서자 이 아가씨가 "장로님! 저도 그 쪽으로 가는데 저 좀 태워주세요."

"응 우리 동내는 왜?"

"네 국민은행을 가려 구요"

그래서 이 아가씨가 내 차를 타게 되었다.

나는 내 차에 라디오를 늘 기독교방송에다 주파수를 맞춰놓고 다닌다.

시동을 켜자마자 어느 목사님의 치유상담 방송이 흘러나왔다.

나는 무심코 "나도 병 고치는 은사를 받았어."

이 말이 떨어지자마자 아가씨가 말을 잽싸게 이었다.

"장로님 저 간질병 있어요."

"응 그래 야 어쩌면 이렇게 하나님이 적시에 너를 만나게 해주셨니. 그래 그럼 오늘 저녁에 내가 집에 있을 테니 저녁때 들르렴." 하고 집 전화번호를 가르쳐 주었다. 기다리던 저녁때가 되었다.

찾아온 아가씨에게 성경말씀 있는 그대로 전했다.

복음 메시지를 처음 아담과 하와가 범죄하게 했던 사단이 지금도 이 세상 권세를 잡고 힘없고 나약한 사람들에게 가만히 들어와 우리를 괴롭히는 사단이 간질병이라는 몹쓸 병으로 괴롭힌다는 내용과 함께 말씀에 있는 그대로를 명령했다. 몹쓸 간질병으로 고생하게 한 간질병 들린 귀신아 ○○○에게서 떠나가라 하고 기도를 했다. 이 아가씨는 눈물을 흘리며 고맙다고 하고 집으로 돌아갔다.

다음날 직장엘 나갔다.

나는 직장에 들어서자마자 그 아가씨부터 찾았지만 내 앞에 있어야 할 아가씨가 보이질 않아 내심 걱정이 됐다.

어째서 나오질 않았을까 하고 미팅을 마치자마자 아가씨한테 전화를 했다.

그때 그 애 어머니가 전화를 받았다.

"네 저 함께 다니는 직원인데요. ○○○양이 보이지 않아서요."

"네 수고하십니다. 우리 ○○는 아파서 못나가요."

나는 그 소리가 끝나기 무섭게 집을 찾았다.

내가 도착했을 때는 아침 9시 40분경이다.

내가 들어서자 이 아가씨는 자리에서 일어나 무릎을 꿇고 기도 받을 자세를 취했다. 나는 다시 복음 메시지를 몇 마디 전하자 말 그대로 신들린 사람처럼 떨고 있었다.

더 이상 말이 필요 없다 싶어 큰 소리로 명령했다.

"간질병 들린 더러운 귀신아 ○○○에게서 떠나가라"

하나님의 능력이 함께 하시매 그 아가씨가 무릎 꿇고 있다가 뒤로 벌렁덩 나가떨어졌다. 숨 쉬는 것도 딱 끊긴 듯이 빳빳하게 뻗었다.

체격이 꽤나 큰 아가씨가 빳빳하게 자빠졌으니 별안간 큰일 났다는 생각이 들었다.

누구라도 와서 보면 늙은 놈이 아가씨 죽여 놓고 무슨 짓을 하느냐고 의심 받을까봐 두려웠다. 나는 즉각 사무실로 전화를 했다.

그리고는 상황설명을 하자 그 아가씨를 채용한 사람이 아가씨 앞집에 사는 안식일 교회 집사였다.

나는 그때도 신우회를 조직하여 매주 한 번씩 예배를 드려서 안식교인과도 무난히 이끌어 나가던 터이다. 여기에 꾀나 많은 신우회 회원들이 있었지만 안식교인 몇 명중 장로님이 있었으므로 서로 조화를 이루며 잘 꾸려나갔다.

내가 전화를 한지 불과 몇 분 만에 안식교회 여 집사님이 오셨다 마음이 푹 놓였다.

시간이 얼마나 흘렀을까 내가 이곳에 오래 머물 수 없는 바쁜 몸이라 깨어 숨 쉬는 모습이라도 봐야 안심할 것 같았다.

나는 손을 얹고 명령했다.

"영혼아 깰지어다." 이 소리와 함께 이 아가씨가 "응" 하는 소리를 내더니 모로 누웠다 그리고는 숨 쉬는 소리와 함께 다시 깊은 잠에 빠졌다.

"아주머니는 여기 좀 더 있으시겠어요."

이 부인은 깜짝 놀라면서 "아니요 저도 가야지요."

하고 따라 나섰다. 꽤나 무서웠던가 보다.

나는 그 길로 밖에 나와 커피 자판기를 돌았다. 그리고는 이 아가씨가 궁금해서 수시로 전화를 걸었으나 아무 소식이 없었다.

나는 점점 시간이 갈수록 불안한 생각이 들기 시작했다.

이러다가 죽지는 않는지 그렇지 않아도 모 기도원에서 안수하다 사람 때려 죽였다는데 혹시 그런 일은 아닌가? 걱정도 되다. "에이 아니야 그럴 리가 없지.

하나님께서 하시는 일인데 하고 자위(自慰)를 해본다. 그러다가 해가 저물어갔다.

차를 교회에 세워놓고 전화를 해보아도 역시 아무 소식이 없었다.

불길한 생각에 차를 몰고 그 집을 향해 가는데 우리교회 다니시는 최두환 집사님이 일을 마치고 집으로 향하고 있었다.

나는 혼자 가기가 두려워 최집사님을 강제로 데리고 갔다.

급히 차를 몰고 그 집 앞에 도착했을 때 마당 뜰은 이미 어둠이 드리웠다.

문을 열고 방문 쪽으로 가자니 유리창 안으로 TV화면이 어른거렸다. 안심이 됐다. 다시 몇 발짝 다가섰을 때 세탁기 돌아가는 소리가 들렸다. 나는 "휴~우" 하고 한숨을 쉬고 "ㅇㅇ양 나왔어" 하고 문 앞으로 다가서자 ㅇㅇ양이 문을 열며 "어머 장로님 오셨어요." 하고는 반색을 했다.

나는 너문 반갑고 감사해 "하나님 감사합니다." 하고 ㅇㅇ양을 덥석 끌어안았다.

"참 걱정 많이 했다. 너 이제는 괜찮다. 너 대체 몇 시에 일어났니?"

"저요 깨어보니 3시 30분 정도에 일어난 것 같아요."

"오 그럼 9시 40분에 잠들어서 3시 30분에 깼으면 자그마치 6시간이나 깊이 잠들었구나!" 나는 전후 사실을 듣고 보니 ㅇㅇ양은 언니가 간질병으로 죽었기에 어머니도 작은딸도 그 병으로 죽을 것으로 알고 자포자기 했다고 했다.

아가씨는 그 길로 우리 교회에 등록하여 몇 달 다니다가 직장관계로 이직하고 다른 교회로 떠났다.

할렐루야 감사하신 하나님께 영광 돌릴지어다. 아멘!

22

말씀을 듣다가 눈병 치유

내가 교회에서 확장부지로 사둔 집에서 살 때이다.

새벽기도를 나오는 중인데 별안간 눈을 쑤시듯이 아프기 시작했다. 교회가 멀리 있는 것도 아니고 불과 몇 십 미터 안팎 이였는데 너무 쑤시고 아파 되돌아갈까 하다가 지하 난간을 잡고 더듬더듬 내려와서 맨 뒤에 자리를 잡고 앉아서 눈을 감싸고 고개를 숙이고서 예배를 드렸다.

그때 마침 어느 구절인지 생각은 나지 않는데 목사님께서 병 고침에 대하여 설교를 시작하셨다. 나는 감동을 받았다. "아하 오늘 나의 질고를 치유하라고 이 말씀을 주시는구나" 하고 그 말씀은 나의 말씀으로 정신 똑바로 차리고 들었다.

참으로 신기하게도 말씀이 끝나기도 전에 두 눈이 깨끗함을 받았다. 이런 일이 있은 후 주일날 목사님과 대화중 새벽예배에 눈 고침을 받았노라. 하자 목사님께서는 나에게 말씀 하셨다.

“장로님의 믿음으로 고치셨지요. 똑 같은 말씀을 들어도 고침 받는 자 고침 받지 못하는 자가 있으니 그것은 장로님의 믿음으로 치유된 것입니다.”

나는 어째든 말씀으로 치유 받았으니 감사감사 주님께 감사드립니다.

23

딸아이 믿음으로 체력장을 통과

딸아이가 고등학교 2학년 때 교통사고를 당했다.

2학년 올라가자마자 첫 달 3월에 교통사고가 나서 여름 방학이 끝나고 9월이 돼서야 퇴원을 했으니 그 해 공부는 망친 셈이다.

딸이 공부를 썩 잘하지는 못해도 반에서 4~5등 순위는 들었고 제 생각으로는 외국어대를 가겠다고 했는데 가장 중요한 시기에 공부를 못했으니 낙심이 보통이 아니었다.

더욱이 몸을 다친 터이라 체력이 말을 듣지 않는다고 고심을 했다.

어느 날 아침에 가방을 들고 나가다가 다시 들어왔다.

"아빠 나 오늘 체력장을 받는데 몸이 말을 안 들어서 돌아왔어요. 아빠 기도 좀 해주세요." 나는 이 소리를 듣고 가슴이 뭉클했다.

"딸애 믿음이 잘 컸구나." 생각하고 감격에 젖은 기도를 드렸다.

"하나님 나의 아버지 또한 내 딸애의 아버지인 것 감사드립니다.

사랑하는 당신의 딸 윤실이가 오늘 체력장을 본대요. 그런데 하나님이 아시다시피 딸이 교통사고로 6개월 동안을 병원에 있으니 체력이 매우 힘들다고 합니다.

하나님 이 딸의 믿음이 예쁘지 않습니까? 딸애 믿음을 어여삐 봐주시어 팔과 다리와 온 몸에 힘을 주시어서 체력장을 잘 보게 해 주세요. 예수님의 이름으로 부탁드리오며 기도합니다. 아멘"

그날 저녁에 딸애가 대문을 열고 들어섰다. 표정이 매우 밝게 웃으며 "아빠 나 체력장 우수하게 붙었어요. 기도해 주셔서 아빠 고마워요."

"오 그랬구나 하나님이 우리 딸 믿음을 보셨구나. 그래 참 좋으신 하나님이시구나. 늘 하나님께 감사드리자.

할렐루야 아멘.

24

당진농고 하기수련장에서

내가 고등부 교사 때 일이다.

여름 수련회를 충남 당진으로 갔다.

집사님 한 분이 당진고등학교 교사였기에 학교를 빌려 쓰게 되었다.

그때 나는 머릿속에 항 습진이 생겨 근질근질하게 몸을 괴롭혔다. 물론 약도 써보고 기도도 해보았지만 별로 효과를 나타내지 못했다.

그날 우리는 취침시간이 되어 학생들은 저마다 취침에 들어갔고 교사들이 함께 불침번을 서게 됐는데 젊은 교사들의 배려로 나는 불침번 당번에서 제외되어 마음 놓고 잠을 잘 수 있게 되었다.

여러 명이 하기는 그렇고 혼자 학교복도 저만치에 드러누워 잠을 청했다.

그리고 잠이 들기 전 간단히 묵상기도를 하고 있는데 이상스럽게 머리 습진부분이 헤어드라이어로 따뜻하게 열을 가하면서 머리 위를 빙글빙글 돌리기 시작했다. 나는 이때 느낌에 아하 하나님께서 나를 치료해 주시려 하시나 보다 하고 속으로 연거푸 주여 주여를 외쳤다.

그런데 이때 복도 저쪽에서 저벅저벅하는 소리가 들리고 전등불이 비취고 나한테 다가오고 있었다. 알고 보니 권순기선생님이 순찰차에 들렸다.

간단한 인사를 하고 권선생님은 돌아갔고 또다시 머리에 성령의 불을 기대하고 기다렸지만 그 뒤로는 다시 뜨거운 열기가 들어오지 않고 이내 머리 치료가 되지 않았다. 권선생님이 와서 나의 정적을 깨었을까 아니면 나의 믿음이 적어서일까?

그러한 체험이 그립고 아쉽기만 한데 여름 수련회는 나의 개인적인 수련회로 생각은 무위로 끝나 못내 아쉬움만 남긴 채로…….

일하는 소에게 먹을 것을 주라

치유 은사를 받았다고 해서 다 응답 주시는 것은 아닌가 보다.

예수님께서도 많은 기사와 이적이 나타났지만 고향에 가서는 몇 만 치유하시고 별로성과가 좋지 않으셨던가 보다 나름대로 생각해보니 예수님이 자라난 나사렛에서는 예수님이 인간예수 가난한 목수의 아들 심지어는 나사렛 같은 곳에서 무슨 선지자가 나오겠느냐 하는 식으로 냉대를 받고 보니 보고 듣는 사람들에게 믿음과 기적에 앞서 불신을 했던가 보다 나 같은 경우에도 기도해서 다 나을 수는 없다.

십에 한 명이라도 똑바로 치유 받았으면 하는 생각이 든다.

이처럼 여러 명을 기도했지만 기도한 것에 비하면 극히 작은 숫자에 불과했다.

그래도 꽤나 여러 명, 숫자로 꼽는다면 치유된 사람이 20여명 되지 않았을까 하는 생각이 든다. 그 중에 진심으로 감사의 표시를 한 사람은 하나님께도 없고 기도해준 나에게도 별로 없다.

성경에는 내가 너희에게 거저 주었으니 너희도 거저 주어라 하는 말씀이 있지만 본인은 거저 준다고 했지만 받는 은혜의 도리는 자기의 도리가 아닐까 생각된다.

예수님께서도 열 명의 문둥이가 치유되었는데 한 사람이 찾아온 그에게 나머지 9명은 다 어디 갔느냐 하신 것 보면 그분께서도 매우 서운하셨던가 보다.

나름대로 이 말씀을 생각하며 은혜를 입은 자는 은혜 받은 대로 자기의 보답은 해야 하지 않은가 너희도 거저 받았으니 너희도 거저 주어라 하는 말은 받은 자가 무상으로 주는 은혜지만 은혜를 받은 자가 할 말은 아닐 게다.

예수님이 섭섭했던 것처럼 나 또한 사람이기 때문에 섭섭한 마음이 없었다면 그것은 거짓말이다.

일하는 소에게 망을 씌우지 말라 하는 말이 있다.

이 말씀은 일을 했으니 먹을 것을 주라는 말씀으로 생각된다.

다만 얼마라도 먹을 것을 준다면 이런 은사를 받은 대로에 값을 받았기에 더욱 기도하고 은혜 받아서 일하는 자로서의 대가가 있으니 이 길로 먹고 살아라 하는 뜻으로 생각된다.

그러나 개중에는 지나친 욕심으로 가득 차 불법이 행해지고 타락되어가는 지도자도 많이 있다 하는 소리를 들으면서 조용히 입 다물고 자신을 찢고 또 생각하면서 하나님께서 주신 은혜를 감사함으로 감사하리라. 아멘

26

어깨 아픈 고통을 통해 깨닫게 하심

자영업 하는 것이 IMF로 무너지고 전적으로 몸으로 부딪치는 수밖에 없어 인력시장으로 의존할 수밖에 없었다.

이때 당시에 소유하고 있던 자동차는 은행권에 빼앗기고 베스타 12인승을 누가 주기에 그 자동차를 가지고 다니면서 인부들을 태우고 함께 나가 돈 벌기에 나섰다.

어느 날 인부 10명을 태우고 일을 마치고 돌아오는 도중에 운전대를 잡은 손이 그냥 힘없이 뚝 떨어지고 말았다.

나는 손을 올려보려고 했으나 아무 힘도 쓸 수 없고 꿈적도 할 수 없었다.

"아하 풍 이라는 게 이런 것이구나" 하고 속으로만 느끼고 즉각 왼손으로 작동을 해보니 어둔하기는 했지만 그런대로 기어변속을 할 수가 있었다.

나는 마음속으로 결박 기도를 했다.

"주 예수의 이름으로 명하 노니 팔을 못 쓰게 하는 악한 영아 내게서 떠나가라 나는 거룩한 하나님의 아들이다." 하고 결박기도를 하면서 목적지인 인력사무실까지 도착하고 손을 움직여보니 그런대로 움직일 만 했다.

나는 그 길로 돌아왔을 때 오른쪽 어깨가 뻐근하게 아파 어깨를 두드리다 이리 뒤척거려도 잠을 이룰 수가 없고 기분 나쁘게 뻐근하여 화장지 뭉치를 들어 어깨에다 대고 나니 시원한듯하여 그대로 잠이 들고 다음날 일어나보니 오른쪽 어깨가 완전히 마비가 된 것처럼 뻐근하고 감각을 모를 정도로 신경이 죽어있는 것처럼 뻐근하고 아팠다.

나는 그 뒤로 기도도 해보았고 약도 먹어보고 병원에 가서 물리치료도 해보았으나 조금도 효과가 없었다.

그렇다고 내가 놀면서 치료를 받을 수 있는 입장도 못됐다.

아픈 몸을 이끌고 그대로 다닐 수밖에 없었다.

그러나 그 고통은 내 형편과 입장을 아랑곳하지 않고 점점 더욱더 심해져 갔다.

이제는 그 도를 넘어 못 박는 망치를 동원시켰다.

나는 잠자리에 파스 6장자리 한 곽을 뜯어 어깨에 철갑을 하고 그래도 시원치 않아 망치로 오른쪽 어깨를 두들기기 시작했다. 그러나 그것으로 끝날 수는 없었다.

어느 때는 물주머니에 물을 뜨겁게 끓여 어깨에 대기도 하고 침도 맞아보고 부황도 떠봤다.

그러나 그런 수단과 방법은 나에게 아무런 소용이 없었다.

그러나 이때에 나에게 귀에 젖을 정도로 들었던 담임 목사님 말씀이 생각났다.

어느 목사님이 회개를 하는데 심지어는 자기 어머니 젖꼭지까지 물었던 것을 회개했다는 생각이 떠올랐다.

나는 자다 말고 너무 아파 망치로 실컷 두드려 패고 하나님 앞에 엎드렸다.

그리고 현재까지 살아온 모든 죄를 하나 하나씩 뜯어내 팽개치기 시작했다.

나의 죄는 뭐니 뭐니 해도 하나님과의 관계가 가장 큰 죄로 떠올랐다.

하나님 앞에 순종하지 못한 죄, 말씀 많이 보지 못한 죄, 이제 이야기지만 성경을 읽었어도 부분적으로 필요에 따라 이곳저곳 보다 한 것으로 몇 번의 통독이 다 끝났는지는 모르지만 참으로 하나님 앞에서는 물론 성도 여러분께 정말 부끄러운 이야기지만 성경 한번 제대로 통독한 적이 별로 없다.

그것도 전적으로 통독은 못하고 장로고시 시험 볼 때 문제 맞추어 넣느라고 한 것 밖에는 별로 없는 것 같다.

그리고는 이웃을 내 몸과 같이 사랑해라 했것만 나 살아가기에 바쁘다는 구실로 타인에게 수많은 사랑만 받아보았지 베풀지 못한 것 그런가 하면 불순종에 목사님께 가슴 아프게 한 것이 얼마나 많았느냐 치유은사 받은 것을 사전에 목사님과 오픈 하지 못한 것들 예수 믿는다고 했지만 예수님이 나에게 베푼 희생의 대가는 얼마던가 그 분이 아니었다면 지옥에서 천국으로 영원 구원받을 수 없었던 나 그 고마움 그러기 위해 죽음의 대가로 자신의 살과 피를 아낌없이 쏟아 부었던 그 진한 사랑 나는 그에 보답을 위해 내 생애의 시간과 헌신을 얼마나 드렸는가?

저 죽어가는 영혼들을 얼마나 건졌는가 생각해보면 나의 전도로 지금까지 구원시킨 사람들이 몇 십 명 나의 전도로 등록시켰지만 떨어져나간 사람들이 대여섯 명 그것을 가지고 나는 나름대로 전도했다고 떠벌리고 살았던 나의 부끄러운 수치들이다.

그리고는 가장 큰 죄가 음심을 품었던 죄인 것이다.

가난도 감내할 수 있고 명예도 권세도 금욕의 욕심도 순간들이었지만 장년이 되고 직분이 턱까지 올라갈 마치 올라갔어도 밖으로 표현할 수 없는 수많은 음심들을 떨쳐 버렸다. 또 들어오고 떨어져 버렸다. 또 들어오는 이 정욕이 나만이 그런가 하고 씨름하고 계속 씨름하여도 음심 마귀한테는 70% 지고 있으니 말이다.

내 생각에는 성서 상에 인물 중 다윗과 사도 바울 선생을 생각하게 된다.

예수님 만나고 나서 변하여 새사람 됐다고는 하지만 내 마음속에 의에 법과 죄의 법에서 싸워 의의 법이 지고 있다는 고백과 오라~ 나는 곤고한 사람이로다.

누가 나를 사망의 권세에서 나를 건져내라 하는 생각으로 탄식했던 부분을 보며 그분들도 위대한 믿음 속에서도 탄식하며 괴로워 했던 것은 권력 앞에서 버티기 힘들었던 고통보다도 인간 다윗과 사도 바울 이였기에 음욕으로 인해 몸부림치지 않았나 하는 생각이 든다.

나 인간 윤종식도 배고픈 것도 돈의 탐욕도 있었지만 그보다 더 표현할 수 없는 고난은 음심이 아니었을까 그렇다고 루소의 참회록에 나오는 그런 음심은 아니었다.

아버지가 좋아했던 정부를 간음했던 그 누추함은 아닌 내 눈에 내 마음에 품었던 그것들이지만 다시는 내게서 모든 성욕을 제하여 달라는 기도였다.

또 하나가 있었다면 방황했던 나의 사춘기 때에 내 불우한 환경으로 인해 일찌감치 술 먹고 담배 태우고 할머니와 어머니, 고모를 속 태우게 했던 일들 그런 면에서는 비교적 온화하게 살았다는 생각이 든다.

또 하나 깊이 생각한 바 있다면 처음 예수 믿을 때 너무도 알지 못해 헌금하지 못하고 봉사하지 못한 죄이다. 어쩌다 시골 전도사님 댁에 가면 밀가루에 호박을 넣고 빈대떡을 해 잡수시는 것을 나는 맛있게 얻어만 먹었지 식량이 없어서 그런지도 몰랐던 나의 어리석음이 가늠해진다.

그때 당시에는 해마다 농지 사느라고 쩔쩔매면서 허리띠 동여매던 시절 또 하나는 김씨네가 삼포 밭 관리로 생활이 어려웠던 때에 나에게 품에 쌀이나 보리쌀이라도 부탁했는데 나는 그것을 거절했다. 그때 당시에 사실은 토지 구입하느라 넉넉하지 못했지만 타인 것이라도 얻어줄 능력이 되었는데 나는 그것을 해주지 못한 게 지금도 마음이 걸린다.

아무튼 남 보기에 도덕적으로나 윤리적으로 크게 죄를 지은 것은 없다고 생각됐다. 그러나 가족 간의 갈등은 하나의 죄가 아닌 가족이니까 아옹다옹 다투어가며 살아가는 게 그게 가족의 관계라고 생각됐으나 아내 사랑하기를 내 몸같이 하라는 율법의 말씀을 접어두고 미워하고 싫어했던 것이 얼마였던가. 나는 잘 모르겠으나 내가 어려서부터 할머니 손에 오냐오냐하고 사랑만 받고 자라왔던 게 나도 모르게 나 자신만이 아는 독선으로 살아온 게 아닐까? 내가 사랑 받는 동안에 내 막내 고모님이 나로 인해 희생됐고 내 여동생이 나로 인해 천덕꾸러기처럼 살았으며, 내 아내가 나로 인해 사랑의 결핍 받았다는 것을 나는 느끼지 못했으리라. 우리 집은 내가 결혼하기 전만해도 동네에서 토지가 첫 번째로 많은 농지를 갖고 있었고 집도 동네에서 제일 좋은 집이였다.

그러나 내가 군에서 제대하고 나서 사회적응을 만만히 보았던 것 같다.

어려서는 내성적이고 소침한 성격이었으나 신앙생활과 농촌계몽 운동의 하나로 4H 활동과 농업 선구자로 나섰던 모든 것들이 내 마음에 바람이 들었던 탓으로 살림이 무너지면 모든 책임이 손자며느리 잘못 들어와서 그랬다는 식으로 우리 집 쪽에서는 그렇게 미신적인 편견으로 아내가 받은 설움이 많았던 것 갔었다.

지금도 아내가 여차하면 윤가 내 식구들하고 치를 떨고 그 한을 풀지 못하고 나한테 퍼붓기 일쑤였다. 이런저런 생각으로 두어 시간을 회개와 사죄하는 마음으로 용서를 구하고 있으나 아내에게는 씻을 수 없는 큰 아픔이 가슴 가운데 바위처럼 얹혀 있는 것이 있다.

내가 IMF를 이기기 위해 쓴 책이 〈그대가 남긴 한마디〉란 자전적 소설이 있기 때문이다.

이것은 다름 아닌 아내와 결혼하기 전의 첫 사랑의 러브스토리를 그렸기 때문이다.

그 사건으로 인해 나는 톡톡히 보복의 대가를 치렀던 무명작가라는 허물을 벗지 못한 것도 그렇고 교회 여성 성도들이 아내의 편에서 나에 대한 질타의 구설로 아내를 더욱 화나게 만들었다.

급기야는 돈벌이도 제대로 하지도 못하고 책을 차에 싣고 다녀야 하는 안타까움에 내 마음의 상처 또한 클 수밖에 없었다.

파산된 살림에 집은 빼앗기고 이삿짐은 이곳저곳에 내 동댕이치듯 몇 군데로 나누어져 있고 책을 없애야 차 빈칸을 이용할 수 있기 때문에 이천 권을 고물상에 폐기 시키고 보니 이런 심정의 비통함은 무엇이라 할까 자식을 땅에 묻고 돌아오는 절망 같은 느낌이라 할까?

나는 그런 일을 당해보지 않아서 모르겠지만 그 어려운 때에 남의 빚을 내어 책을 낸 것이 본전도 제대로 뽑지 못하고 폐기 처분한 내 마음 아픔, 나의 실책들과 죄상이 들어오는 대로 회개로서 하나님께 고했다. 이런 시간이 두어 시간은 됐으리라.

27

기도의 응답

너무너무 아파서 결단한 회개가 끝나고 기도에 들어갔다.

내 기도의 순서는 먼저 세계 복음화를 위하여 하고 함께 아울러서 세계 곳 처마다. 알게 모르게 선교하는 선교사 및 그의 가족들에게 나름대로 구체적인 기도와 하나님의 때가 임박해져 가고 있는 이때에 예수재림을 사모하기를 원하며 국가와 민족을 위해 한국 교단이 뜻이 하나가 되기를 위해 남북이 통일되어 힘 모아 축복받는 한국이 되기를 그리고 본 교회와 목회자와 중직자들과 전 성도들을 위해 기도하고 성도들 가정의 건강과 사업과 직장을 위해 기도하고 내 가정의 자녀들과 손자와 우리 이권사를 위해 기도를 했다.

그리고 맨 나중에 내 기도차례가 되어 기도하는데 마치 온 몸이 추워서 닭살 돋치듯 소름이 일어나기 시작했다.

나는 이미 여러 방법으로 은혜 받음을 알고 있기 때문에 이것이 나에게 주는 하나님의 은혜로 내 몸에서 악한 영이 떠나간다는 것을 짐작했다.

나는 이 기회를 포착했다.

"주여 주여 주여 주여" 하고 작은 소리로 외칠 때 마다 온 몸에 소름이 온 전신을 휩싸고 아래서 위로 위에서 아래로 하나님의 역사를 체험했다.

아내는 깊이 잠들고 나는 그 곁에 엎드려 사투가 벌어진 것이다.

"주여 주여 주여 내게 임하소서. 악한 영이 떠나가게 하소서." 이렇게 하기를 십여 분 동안 하나님의 역사가 지속되다 고요히 잠들듯이 사그라지더니 이게 웬일인가 그렇게 아프던 목에서 어깨까지 댕기고 눌렀던 것이 눈 녹듯 사그라지더니 완전히 다 없어지는 것이 아니고 어깨 밑에 와서 약하게 머물렀다.

이제 이렇게만 되도 살 것 같았다. 매일 저녁 붙였던 파스도 딱 끊고 망치로 두드리는 일도 끝났다.

그러나 하나님께서는 나를 완전히 고쳐 주시지를 않았다.

내가 좀 믿음이 나태하고 기도가 게으르면 다시 찍어 땡기기를 시작했다.

이럴 때마다 아하 나를 하나님과 동행하라고 하시는구나. 그리고는 기도하고 믿음에 확신만 가졌다 하면 아픈 통증이 싹 가셨다가 내가 게으름을 피우면 또 다시 찾아와서 괴롭혔다. 나는 이때 느끼기를 사도 바울 선생님이 자기 몸에 가시가 있어 세 번을 기도했을 때 "네가 받은 은혜를 족한 줄 알라 하는 생각이 번개처럼 스쳐갔다.

참으로 희한한 일이다.

나같이 부족한 것을 사도 바울 선생님에게 주신 은혜와 비교하는가 하면 "이놈아 예수님이 언제 너처럼 아들딸 낳고 부부 생활했냐" 하시고 나에게 엄히 꾸짖으시고 경고 했던 것들을 생각할 때에 감사 또 감사하지 않을 수 없었다.

아멘, 아멘 할렐루야 감사합니다.

28

사마리아에서의 한밤중 노상집회

내가 IMF로 직업전환이 여러 차례 바뀌던 중 사창가로 진입을 하게 되었다.

내가 그곳에서 하는 장사는 일명 문어발이라고 하는 다리가 1m씩 되는 긴 발을 구워서 파는 그런 장사이다.

차에서 손수레를 내려 장착을 하고 물건을 싣고 다니는 장사이다.

사창가 아가씨를 상대로 밀고 다니며 장사하면서 찬송가 305장, 나 같은 죄인 살리신 주 은혜 놀라워 잃었던 생명 찾았고 광명을 얻었네! 라는 찬송을 은은하게 부르고 있었다.

이때 골목길에서 아가씨를 소개하는 일명 펨프라고 하는 아줌마 하나가 이 찬송을 듣더니 "크게 해 크게 불러" 하고는 감격에 넘쳐 말을 잊지 못했다.

밤중이라 눈물을 보지는 못했지만 목 메인 소리에 눈물을 흘린 듯 했다.

찬송소리에 감동한 것을 보니 예수 믿다 낙심한 사람인 것 같다.

나는 찬송을 끝까지 불렀고 어둔 골목길에서 일하는 펨프 아줌마들이 하나 둘씩 모였다.

이때 나는 나의 간증을 늘어놓기 시작했다.

치유 은사에 대한 이 모양 저 모양을 간증하자 아줌마 하나가 아저씨 나도 예수 믿습니다만 지금 사는 게 부끄러워 교회를 못나가요. "나 좀 기도해 주세요." 하고는 발목을 올리고는 발목이 아파서 걸음을 제대로 걷지 못해요 하고는 내 손을 끌어다가 자기 아픈 부위에 얹었다

"오 주여 감사합니다. 하나님이 놀라운 자리를 베푸시는군요. 하고 기도하자 이곳저곳에서 앞을 다투어 기도를 받겠다고 모였다.

기도를 마치고 나자 제일먼저 발목이 아파했던 아줌마가 "할렐루야" 하면서 뛸 듯이 기뻐하며 "아저씨 저 나았어요. 여기 봐요 나 발목 나았다 나 발목 나았어. 하나님 은혜로 발목 나았어. 하고는 기뻐라 외쳤다. 나는 이 광경을 보면서 은근히 걱정이 됐다. 그리고 그 아줌마를 불러서 신신 당부를 했다.

아주머니 나아서 제가 더욱 기쁩니다. 그런데 중요한 것은 아주머니께서 지금부터 교회 나가시고 기도 생활 많이 하셔야 치유가 유지 됩니다.

네 그렇지 않아도 이 생활 청산하려고 했습니다 하고 헤어졌다. 그러나 그 아주머니는 이 어두운 골목길에서 벗어나지 못 했지만 만날 때마다 고맙다는 인사를 하고 감사해 했다.

사마리아에 내린 하나님의 복음이 이 어두운 골목길에도 축복의 말씀이 선포되기를…… 아멘!

29

등기소에서 기침 뚝

심신(心身)이 피곤했다. 그나마 가지고 있던 집칸이 날아가게 생겼다.

집이 압류되었다는 통보가 왔기에 등기소에 가서 순서를 기다리며 지친 몸을 의자에 기대어 눈이나 붙여볼까 해서 눈을 붙였다.

그러나 옆에 있는 젊은 새댁이 콜록 콜록 거리며 성가시게 굴었다.

그 옆에는 친정어머니나 되는지 딸이 안타까움에 몹시도 애를 쓰고 있다.

가만히 젊은 새댁을 보니 배가 불러 있는 임산부였다.

나는 자세를 바로 하고 그 젊은 여자에게 물었다." 아주머니 기침을 많이 하시네요.

제가 지압을 좀 하는데 기침 그치게 지압을 좀 해 드릴까요?"

그 새댁은 그러라고 대답을 했다.

사실은 지압은 무슨 지압을 하겠는가?

그렇다고 수많은 사람들 있는데 "기도해서 병 고치시오." 하고 말할 기분도 아니고 기도한단 말 꺼내기도 그렇고 하여 그렇게 말을 꺼낸 것이다.

나는 자리에서 일어나 그녀의 머리에 손을 얹졌다.

그리고는 머리를 꽉꽉 누르고는 "기침아 예수 이름으로 명하니 떠나가라!" 하고 손을 떼었다. 그 새댁이 예수를 믿는지 안 믿는지는 모른다.

다만 하나님의 능력으로 부족한 종을 통하여 확실히 전해졌나 보다.

손을 떼고 나자 기침이 뚝 끊겼다.

모녀는 잠시 후 자리를 떠나면서 고맙다 하고 사라지고 나는 잠시나마 눈을 붙였다.

때와 장소와 환경과 시간과 공간을 초월하신 하나님께 감사 감사하므로 아멘.

30

기도 70일에 헛된 소천

이미 고인이 되었지만 우리 교회 성도 중 김학신씨라는 여 성도님이 계셨다.

연령은 내 또래쯤 되신 분이 직장암이 걸리셨다.

담임 목사님께서는 나에게 부탁하셨다.

믿음도 부족하니 잘 인도하여 믿음에 확신과 치유를 위해 나한테 당부하신 것이라 생각된다.

나는 아침 7시경이면 영락없이 아주 대학병원에 들렀다.

새벽에 나가서 커피 자판기를 한 바퀴 돌고 들어오는 길에 아침 업무 중 하나처럼 병원에 들렀다.

나는 그때마다 말씀에 원리를 창세기부터 짚어나갔다.

원래 인간은 하나님께서 우리 인간에게 특별한 권세와 혜택을 주셨다.

하나님께서 만물을 창조하시고 창조 마지막 날에 인간을 만들어 주시고 우리의 모양을 하나님 형상대로 지으셨다.

그것은 바로 하나님을 닮은 인격체요 지성과 감성과 인성과 영성을 부여하셨고 에덴동산에서 하나님과 함께 교제할 수 있는 친구로서의 인격체인 것이다.

그러나 하나님과 구별된 것이 있었으니 그것은 선악과라는 열매를 따먹지 말라. 그것을 먹는 날에는 죽으리라 하셨음에도 호기심 많은 여자 하와에게 뱀 사단이 들어가서 선악과를 따 먹으라 하였기에 그 유혹을 뿌리치지 못하고 하나님의 명령을 거역하므로 그때부터 인간을 에덴동산에서 쫓아내고 다시는 들어서지 못하게 화염검으로 둘러쳤다 했으니 인간이 그때부터 하나님의 보호를 받지 못하고 사단의 지배 하에서 각종 죄를 범하게 된 것이다.

불순종과 거짓말과 살인과 간음과 도적질 모든 죄에서 벗어날 수 없는 타락성에서 영혼마저 지옥에 갈 수밖에 없으매 하나님께서 그래도 불쌍히 여기시어 장차오실 메시아를 믿게 하시고 하나님과의 단절된 상태를 화목제로서 제사를 받으셨으니 그로 인해 하나님과의 교제를 이루시다가 하나님의 후사를 이으실 독생자 예수님을 세상에 보내시어 수천 년 동안 많은 양과 소나 비둘기 같은 것으로 대속했던 제물이 예수님이 십자가에 못 박히심으로 인해 그 사실을 인정하고 믿는 자마다 지옥불에서 영생의 길로 옮겨질 뿐 아니라 예수님의 무고한 희생의 대가를 사단이 질 수밖에 없었으므로 예수는 곧 나의 생명이요 나의 권세자요 그에게 믿고 고하는 자에게 병마가 떠나고 영권, 물권, 인권이 회복되어 하나님의 특권을 받게 된다는 사실을 계속 주입을 시켜 주었다.

그러나 나의 믿음이 적었던지 병은 점점 악화되어 갔다. 다만 성도님이 병에 나음은 받지 못해도 구원을 확신하는 확실한 마음을 주입시켜야 했다.

병 낫고 천국 가지 못하고 있다면 그 무슨 소용이 있겠는가 싶다. 사람이 아무리 믿음이 좋고 건강해도 결코 죽을 때는 병이 들어서 죽게끔 되어 있다. 그러나 개중에는 에녹이 하나님께 들림 받고 엘리야가 들림 받듯이 고통을 보지 않고 승천한 성경적인 인물은 있으나 성경 이후 죽음을 보지 못하고 승천한 사람이 있겠는가?

고통을 얼마만치 겪느냐 하는 문제 앞에 많은 사람들이 두려워 하고 있다.

아무튼 죽음에 임박했을 때 여주로 오리알을 가지러 가는 도중 별안간 삐삐로 호출이 왔다.

내가 도착했을 때는 의식이 있어서 그런지 아니면 너무 고통스러워 그런지 악을 쓰는 소리가 병실 내에 가득했다.

나는 내 믿음의 한계가 지금까지였는지는 모르지만 환자에게 큰소리로 명령했다.

"영혼 잠잠 하라" 이 한마디에 그렇게 소리 지르던 괴성이 뚝 그쳤다.

임종이 가까웠을 때이다. 내가 병원에 도착했을 때 우리 교회 부목으로 계시던 이태영 선교사님 등 몇 분이 심방을 왔을 때 똑 같은 큰 괴성으로 소리 지르고 있을 때 그날도 역시 나의 명령이 크게 외치자 그 괴성은 또다시 뚝 하고 그쳤다.

다른 사람들이 여럿이 왔어도 하나님께서 주신 악령 영력을 잠재우게 하신 특이한 기억을 지울 수는 없었다. 그분은 나와 함께하기를 70일째 하루 빠진 길다면 꽤나 긴 날을 기도하고 말씀 전했건만 결코 하늘나라로 가시고 만 것으로 보람을 느낀다.

지금은 하늘나라에서 여생복락을 누리리라.

31

고향 형님 기도 실패

먼저 글에 후두암을 치유 받았다는 고향후배네 이야기다.

하루는 전화가 걸려왔다.

"형님 제 부탁을 들어주시려나 모르겠는데요."

"응 그래 자네가 무슨 일이 있기에 그래."

"다름 아닌 저희 외삼촌 김산리 사시는 유광수씨 아시죠?"

"응 외삼촌 유광수씨 외삼촌이 왜."

"위암수술을 한지 몇 년 되었는데 그것이 다시 발병이 돼서 그래요. 형님 웬만하면 수고 좀 해주세요." 이렇게 부탁을 받고 도착했다.

내가 고향 떠난 지 30년이 넘었다.

그동안 서로의 근황은 몰랐지만 나보다 15년 연배이신 형님 같고 삼촌 같으신 분이시다.

그분의 어머님이 우리 할머니와 친구분으로 꽤나 정깊이 지내셨던 분들이기에 반갑기도 했다.

그러나 고칠 수 있다 없다는 하나님께서 능력 주시는 대로 되겠지 하고 역시 이분은 하루 이틀 지나 10여 일이 넘게 드나들면서 성심을 다했지만 결국 돌아가시고야 말았다.

그러나 나름대로 할 말은 있었다. 그때 당시 후배가 다니는 교회 목사님이 나의 사역을 가로채고만 것이다. 내가 사역하는 것이 목사님이 볼 때는 못마땅했을 터이고 전적으로 나한테 맡기지 못했다.

또 한 가지는 10일 되는 날에 설사하듯이 속에 있는 것을 다 쏟았다고 했는데 나한테 상의도 없이 서울 대지병원으로 옮기고만 것들 모든 것이 못내 아쉽기만 한데 돌아가신 뒤에도 이미 여러 차례 영접했음에도 불구하고 장례를 교회장이 아닌 가족장으로 치렀다는 데서 나에겐 큰 불만이다.

어차피 다른 목사님이 나의 사역을 채 갔으면 돌아가신 뒤 장례 주관까지 끝까지 하지 못하고 한꺼번에 영혼 구원의 문턱에서 여러 명을 잃었다는 생각에 아쉽기만 한데 아련한 기억들이 나를 괴롭힌다.

사단이 원하는 것은 바로 이런 것들이다. 기도로 인해 치유가 됐다는데 찬사도 있지만 치유되지 않은 것들에 대한 큰 웃음과 야유 섞인 안도감이다.

그럼 그렇지 저라고 별수 있나 하는 안도감들이 있다.

또 한 가지는 같은 사역에서 같은 은사를 받았을 때에 평신도와 장로와 목사의 권위가 등급에 따라 다르게 평가하게 된다.

즉, 다시 말하면 비 메이커와 메이커 차이라고 하면 된다.

똑 같은 서예를 놓고 볼 때 등단을 했느냐 하지 못했느냐 하는 식이다.

그러나 하나님의 일은 절대 그렇게 봐서는 안 된다는 것을 성서는 말하고 있다. 믿는 자에게는 능치 못할 일이 없다고 하신 예수님의 지극히 공평하신 하나님의 권위를 말씀하신다.

사역을 하다 보면 자신의 능으로 되겠다고 되는 것이 아니다.

성심껏 하다 보면 나도 모르는 사이에 일어나는 역사를 생각해본다.

지나온 날을 뒤돌아보면 내가 하나님 앞에서 겸손한 마음으로 살아야겠다고 생각될 때는 이미 나는 세속적인 때를 덧입고 가면의 탈을 하나씩 하나씩 쓰게 된다.

다시 말하자면 겸손과 성실이 무엇인지 모르고 마구 달려갈 때에 세상에서 평가할 때에 때로는 주책 스러워 보이고 때로는 실수하는 것 같지만 하나님은 그런 자에게 함께 하신다.

베드로처럼 열정적인 것 같으면서도 변덕스러운 성품 속에서도 인간의 순수한 때묻지 않은 곳에 함께 하신다.

32

물파스 치료법

하나님께서는 나를 통해 각양 여러모로 건강의 비법을 가르쳐주시는 것 같다.

다시 되돌아 정리해 보면 어느 때는 책을 보다 어느 때는 귀신을 쫓다. 어느 때는 말씀 듣다 어느 때는 찬양 부르다. 어느 때는 기도하다 각양 여러 가지로 은혜를 보여 주신다.

이번에는 내가 은혜가 떨어졌는지 한번 기도에 치질, 허리 아픈 것 변비 등 관절이 싹 낫더니 그 감동의 세월이 한 20여 년 지나고 나니까 치질이 쑥 내밀기 시작했다.

물론 기도도 했고 별 방법을 다 썼지만 좀처럼 치질이 낫지 않았다.

두러 누었다가 생각하니 물파스가 있기에 이놈으로 한번 해보자 하고 물파스를 꾹꾹 짜서 물이 뚝뚝 떨어지게 해서 항문에 문지르고 화장지를 조금 뭉쳐서 물파스에 흠뻑 적시고 한 1분 가량이나 되게 끼웠다.

그 화끈거리는 정도가 어떻다고 할까 이런 것은 근육통에 발라서 시원한 것이 아니고 엉덩이가 불이 나듯이 화끈 화끈거렸다. 그러나 잠시 후에 화장지를 빼고 보니 그 물파스가 발효성이라 불과 몇 분 지나니까 차차 가라 앉기 시작하더니 괜찮았다.

어느 버스에 붙은 홍보물을 보면 3시간 완치 어쩌고 저쩌고 하는데 그것은 병원에 가면 돈 안드나 그리고 그 시간 어디서 보상 받고 내가 말하는 것은 돈으로 한다면 3,000원짜리 물파스 한 병이면 백사람 고칠 것이고 시간은 치료시간 1분 완치시간 10분 이 정도면 그보다 더 좋은 명약이 어디 있으랴 이것도 그냥 되는 것이 아니라 하나님께서 믿음 없는 자에게 주시는 지혜의 특약이라 믿는다.

나는 이것 가지고 간증시간에 한번 이야기 했더니 모두 웃는 것 보니까 돈 안들이고 간단히 치료한다는 법을 알아서 좋아 웃는 것으로 안다.

그 중에 어떤 권사님 이 방법을 이용해서 치료되었다고 했다.

나는 이 같은 지혜도 나만을 위한 것이 아닌 기도의 능이 없는 이에게도 돈 없이 치료할 수 있는 방법 나를 통해주신 하나님의 은혜라 생각된다.

세상에 모든 등식 불이나 몰라서 미처 개발하지 못했을 뿐이지 모든 것이 사람에게 필요한 존재인 것을 생각할 때 하나님께 무한 감사를 드린다.

아멘!

33

아픈 다리가 낳음

하나님은 나를 각종 질병의 실험 대상으로 주시는 것 같다. 그리고는 병을 고치는 방법도 주시는가 보다. 이곳이 아픈가 하면 고치는 치료도 해주시고 저곳이 아픈가 하면 그에 대한 치료도 해주시니 아무래도 나를 통해 각종 질고를 고쳐 살면서 모두에게 알리어 건강하게 사는 법을 제시해 주시는 것 같다. 그 치료방법도 다양하니 말이다.

이번엔 다리가 가끔 당기더니 계단 오르내리기가 매우 불편했다. 허리도 아팠다가 엉덩이 골반이 시큰 거렸다가 은근히 나를 꽤나 괴롭혔다.

욥기서에 보면 믿음 좋은 욥을 놓고 하나님과 단판을 하게 된다.

사단이 믿음 좋은 욥을 놓고 흥정하는 장면이 나온다. 당신의 사람 욥을 그리도 사랑하니 내가 욥을 괴롭히겠다는 내용이 나오자 하나님께서 그의 목숨만은 놔두고 마음대로 하라 하자. 욥의 재산부터 욥의 자녀들까지 다쳐서 죽이게 되자. 욥이 발바닥에서 정수리까지 악창

이 나서 욥이 자리에 앉아 기와 조각으로 온몸을 긁고 있더니 욥의 아내와 친구들까지도 욥에게 와서 차라리 욕하고 죽으라는 하는 장면이 나온다.

나를 욥의 재앙 곤란에 비교할 수는 없지만 내 잘못이기는 하지만 내생활의 모든 것을 잃어 버렸고 한 때는 아내에게도 자녀들에게도 인정받을 수 없는 왕따로서 외롭게 살아온 세월이 얼마였던가 그럼에도 불구하고 하나님께서 주시는 특별한 은혜를 체험하게 됨은 세상에서 무엇과도 비교할 수 없는 샘솟는 듯한 용기와 희망을 주셨다.

누군가가 말했던가. 재물도 귀하고 명예도 귀하고 권세도 귀하나 보다 귀한 것은 친구라고 했지만 그보다 더욱 귀한 것은 하나님이 나와 함께 하신다는 것이다.

내가 외로울 때 함께 하시고 내가 아파할 때 치료해 주시는 아버지시기 때문이다. 이번에 오른쪽 다리가 쩔룩거릴 정도였으나 누구 한테고 내색을 할 수가 없었다.

이번엔 또 어떤 방법으로 나에게 치료해 주실 가하고 기대하면 나름대로 기도해 보고 약도 써 봤지만 이렇다 할 치유가 없었다. 그러던 어느 날 왠지 모르게 성경을 읽기 시작했다 창세기 1장부터 3장에 이르기까지 거듭 몇 번인가 읽었다.

그 성경을 평소에도 1장부터 3장까지는 누구나 다 읽는 말씀이 건만 내가 이 말씀을 몇 번인가 거듭 읽으면서 그 말씀이 깨달아지고 가슴에 와서 닫기 시작했다.

“창세기 1장 1절 태초에 하나님이 천지를 지으시니라” 시작해서 그리고는 천지 창조가 형성 되가는 과정 이 모든 것들이 그냥 말씀 하나 읽고 말았던 것이 우주창생의 어마어마한 과정이 조금씩 이나마 하나씩 하나씩 깨달을 수 있다는 것이 느끼기 시작했다.

산과 바다와 물과 하늘이 되어가는 과정을 다소나마 상상해 보면서 하나님의 오묘한 진리가 우리 인간을 위하여 지으셨다는 것이다.

그 동안 모든 동식물을 만들어 놓으시고 마지막 날에 하나님이 가라사대 우리 형상을 따라 우리의 모양대로 우리가 사람을 만들고 그로 바다의 고기와 공중의 새와 육축과 온 땅에 기는 모든 것을 다스리게 하시고 그들에게 복을 주시며 그들이 이르시되 생육하고 번성하여 땅에 충만케 하라 땅을 정복하라 그리고 각종 모든 것을 다스리게 하시라는 축복을 주시더니 그리고는 일곱째 되는 날에 복 주시어 거룩하게 안식을 주셨다.

<창세기 2장>

이어서 구체적인 하나님 나라를 창설하심에 그 지으신 사람을 거기에 두시고 여호와 하나님이 그 땅에서 보기에 아름답고 먹기 좋은 나무가 나게 하시니 동산 가운데 선악을 알게 하는 나무 선악과를 주시고 우리의 인격적인 자율 의지로 주셨지 않나 생각이다.

더러는 하나님이 인간을 사랑하셨다면 뱀은 왜 만드시고 선악과는 왜 만드셔서 우리를 괴롭게 하셨는가 하는 반문이 있지만 그것은 우리의 소관이 아니라 말씀에도 우리를 흙이요, 하나님은 토기장이로서 세상 모든 만물의 창조와 질서가 하나님 소관이지 우리는 나름대로 주어진 대로 지으심을 받은 대로 우리의 할 것은 충성뿐이라는 생각이 든다.

결코 인간의 한계는 하나님의 주권 안에 있음을 잊어서는 안 된다.

다만 우리가 할 수 있는 것은 하나님의 계획과 비밀에 도전하는 것이 아니고 하나님의 계획은 명령에 순종과 충성뿐이 아닐까?

<창세기 3장>

3장에서는 타락한 인간에게 주는 엄벌은 그 아름다운 에덴동산에서 쫓겨 나가고 화염검으로 동산을 지키셨으며 그에 따른 벌로 남자는 흙을 더불어 살아도 소풍을 제대로 날 수 없으며 종신토록 땀을 흘려야 되고, 여자는 애낳는 수고를 해야 하며 뱀은 다른 동물보다 더 저주를 받아 땅으로 기고 흙을 먹고 살며, 사람은 뱀의 머리를 뱀은 사람 뒤꿈치를 해할 것이라는 철저한 원수가 되어 우리가 지옥과 저주로 탈락되고 말았으나 그래도 하나님께서 우리를 사랑 하사 독생자 예수 그리스도를 십자가에 내어주심으로 그를 믿는 자는 영생을 얻는 사실이다.

나의 작은 소견으로 창세기 1, 2, 3장을 다 깨우칠 수는 없지만 내가 하나님의 자녀로 특별한 은혜를 깨우칠 수 있다는 특별한 은혜도 있지만 내가 받은 은혜 중에 1장 하반절에 인간에게 다스려야 할 권세를 주시고 다스려라 정복 하라는 의미 깊은 뜻을 내 마음에 축복 중에 축복이 아닐까 생각한다.

세상만물이 저마다 독특 생존권을 주셨지만 유독인간에게만 정복할 수 있는 권한 지배하고 다스릴 수 있는 권한 바로 이것이다.

세상에는 사람보다 크고 힘세고 사나운 동물들이 수없이 많지 않은가? 바다에 상어 고래 엄청나게 큰 물고기도 있고 지구상에 코끼리 사자 호랑이 소 낙타 말 그들의 힘과 용맹이 사람의 삼배 또는 몇십배 되는 동물도 있지만 그 모든 동물들을 사람의 손에 달렸다는 사실이다.

또한 그들 주거와 식생활과 기능면을 하나씩 하나씩 짚어보자.

1) 그들의 주거문화는 어떠할까?

호랑이나 사자 동물들은 수천 년 전이나 지금이나 자연 굴이나 바위 밑이나 나무 밑이나 자기생활의 주거다.

그렇다면 사람은 어떠한가? 원시시대는 동물들과 거의 비슷한 생활을 했겠지 그러나 그것이 발달해서 토굴에서 움막으로 움막에서 초가집으로 초가집에서 목재집으로 목재에서 기와집으로 다시 양옥으로 양옥에서 아파트로 이제 이것으로 끝난 것이 아니라 더 나아 가서는 해저에서도 그런가 하면 우주 공간에다 집을 짓고 살 날이 오지 아니할까?

2) 식생활

식생활문제를 보자. 식생활은 소는 수천 년 흐르나 생풀을 먹고 살다 사료나 익혀 먹는 방법은 사람이 이용가치를 높이기 위해서 만들어 주는 것이 소의 사료지 소가 볼 때는 익혀 먹을 줄 모른다.

호랑이나 사자는 수천 년 흘러도 날고기를 먹고 산다. 그렇다면 사람은 어떠할까? 익혀 먹고 끓여 먹고 생으로 먹고 불에 구워 먹고 음식의 각양 종류와 맛의 문화가 수천 수만의 서로 다른 사람들의 식생활 문화가 발전했을 것이요.

3) 의류

각종 동물들은 봄가을 털갈이 하는 것 치고는 별로 다른 옷이 없다. 흰털을 갖고 있다가 빨강색이나 노란색으로 털갈이는 되지 않을 것이다.

사람의 의류 문화는 어떠할까? 원시시대는 나뭇잎이나 털가죽으로 입다가 그것이 변해서 식물이나 털로 실을 뽑고 짜서 입는다. 그것도 색깔의 다양이나 디자인의 다양성은 1년에도 수십 수백 가지의 의복으로 변한다.

춘하추동 계절에 따라 변할 수 있는 것이 사람에게 특별한 지혜와 재능의 특권이다.

4) 재능

동물이 아무리 재능이 많아도 제가 필요하다고 칼 하나 도끼 하나 만들어 쓰지 못한다. 그러나 인류는 각종 도구에서부터 기계들이 발전해 달리는 차를 만들어 쓰고 비행기도 만들어 하늘을 날고 물위도 수천 수만 톤의 배가 떠다닌다.

동물 중 원숭이나 개가 지능이 높다 한들 개가 운전 하는 것 못 봤다. 어쩌다가 동물이 사람에게 길들여져 말귀를 듣고 심부름 하는 것을 보고 큰 구경거리요, TV 상영하면 신기해서 즐기는 것을 본다. 그것이 바로 사람과 동물의 재능이다.

5) 소리

소리의 발전을 보자 소는 "음메" 소리 돼지는 "꿀꿀" 한다. 잡어 갈 때는 "꽥꽥" 하고 지르는 소리며, 개는 "멍멍" 호랑이는 "어흥" 불과 몇 가지의 음을 낼 수밖에 없는 것이요, 사람의 소리는 어떠할까 대중가요에서부터 클래식 째즈 찬송가 등 각곡 마다 수백 개의 곡을 갖고 있다.

왜 유독 인간만이 갖가지 소리를 낼 수 있을까 그것은 인간을 통해 하나님께 찬양으로 영광 받으시려고 그 같은 재능을 주셨으니 마음껏 찬양할지어다.

아멘!

6) 눈으로 보는 시각

동물은 색상을 구분 못한다고 한다. 노란색이나 흰색이나 파랑 밝은 색은 히끄스름 하게 짙은 색은 거무스름하게 보인다고 한다. 그러나 사람에게 보 남 파 초 흑백에서 노랑 빨강 게다가 각양 혼합하여 만들어 쓰는 물감이나 옷 색깔의 다양성은 얼마나 많은가 필요에 따라 식물로 먹을 수 있는 것이 인간에게 준 하나님의 특권인 것이다.

서양의 어떤 사람들은 개고기 먹는다고 한국인은 야만인 이라고 한다. 그렇다면 인도 사람들이 생각할 때 소 잡아 먹는 것을 보고 야만인이라고도 하겠지! 이 같은 것들은 하나님께서 인간에게 주신 특권을 이해하지 못했기 때문에 무식해서 하는 말일께다.

나는 창세기 1, 2, 3장에서의 비밀을 다소 깨닫고 나서 성경의 가치와 위력이 얼마나 중요했던가를 깨닫기 시작하게 되자 나머지 창세기 4장 이후 계시록까지는 창세기 1, 2, 3장을 이루기 위한 배경이라는 생각을 갖게 되자 마치 깊숙이 쌓인 눈이 녹듯 평안함과 기쁨이 차고 넘쳤다.

나는 비록 사람과 사람 사이에서 내가 아는 정도는 대략 이정도 이지만 나도 다 알지 못하는 독특성이 있을 것이다.

왜 이렇게 사람과 동물의 구별을 두었을까? 그것은 하나님 형상을 닮게 만들어 보고 하나님과 교제할 수 있는 교감을 갈기 위해서 인간을 그렇게 만들어 놓으셨다고 본다.

그러기에 각양 재능은 하나님의 영광을 위해서 드려야 할 의무이다.

아름다운 목소리로 찬양함도 하나님께 드리라는 좋은 목소리요, 향기로운 냄새도 아름다운 의복 인간으로 갖추어야 할 모든 재능은 하나님의 영광을 위하여 드려야 할 의무가 있는 것이다.

무식한 동물 보고 하나님의 영광을 무었을 하라고 하지 않으셨다. 그러기에 다스려라. 정복하란 말은 하나님께서 모든 지구상에 동식물을 가질 수도 있고 내 능력이 모자라서 멸시와 천대를 받을지라도 나중 하나님의 사람으로 지어 주신 것만 해도 감사하라. 그러나 사람이라고 다 이같은 기쁨 충만을 누릴 수 있겠는가?

하나님의 비밀을 다소 이만치 라도 깨닫는 기쁨이 충만하자! 내 전신을 휩싸던 포박이 풀리듯 홀가분하며 당겼던 다리가 후루 풀렸다. 참 좋으신 나의 하나님 나의 하나님 감사 감사 합니다. 아멘! 아멘!

34

위력 있는 하나님 말씀

하나님의 말씀은 좌우에 날선 검보다 더 예리하여 혼과 영과 심령골수를 쪼개고도 남는다 하셨다.

하나님은 부족한 나를 통하여 여러 가지로 치유은사를 보여주셨지만 말씀과 기도 보다 더 위력이 있는 것은 없다.

특히 내가 깊이 깨달은 것은 나와 내 가족이 치유의 모델로 삼은 것 같다.

왜냐하면 자주 아프게 만드시고 그럴 때마다 치유의 방법을 일깨워 주심은 아무래도 건강 지킴이의 방법들을 여러 사람에게 선포하시라는 뜻으로 받아드릴 수밖에 없다.

어느 때는 남의 간증서적을 보다가 어느 때는 귀신의 결박으로 치유됨과 또는 찬양 부르다가 또 말씀 듣다가 또는 기도하다가 그런가 하면 하나님의 음성으로 들려주시다가 이루 말을 다할 수 없는 각양 은사로 나에게 보여 주셨다.

2007년 가을로 생각된다.

허리에 통증이 오기 시작하더니 오른쪽 다리가 저리고 거동이 매우 불편했다.

그러나 나는 내색을 하기가 부끄러웠다.

이 글에 잘 나타났듯이 각양은사로 본인과 타인에게 많은 치유은사를 간증한 사람이 내가 아프다고 하면 사단은 이를 보고 나를 공략할 것이다.

그럼 그렇지 자기라고 별 수 있나 저가 무슨 하나님의 특사라고 하면 일제히 속으로 쾌재를 부를 것이 뻔했다.

나름대로 걱정이 됐다. 기도도 해보고 명령도 해보고 약도 먹어도 별로 반응이 없었는데 나도 모르는 사이에 하나님 말씀 창세기 1~3장까지를 읽었다.

내가 머리가 둔재라서 말씀은 외우지는 못했지만 말씀의 흐름을 깨달아야겠다는 무언의 계시를 받은 것 같다.

말씀내용이야 거의 다 알고 있는 사실이건만 읽고 또 읽고 또 읽고 하는 중에 마치 희미한 유리거울에서 비춰지는 사물을 본 것 같은 것이 거듭 네 번을 읽고 나니 깨끗하게 닦은 유리거울 보는 것 같은 느낌이 들었다.

그 오묘한 하나님의 진리의 말씀을 나름대로 깨닫기 시작했는데 1장은 창조의 장인 것이다.

그 말씀은 하나님의 오묘한 섭리가 이루어지는 장이다. 오직 말씀 하나로 하늘과 땅과 바다가 이루어지고 말씀 하나로 낮과 밤이 구분되고 2장에서 그 모든 섭리 인간에게 초점을 맞추시고 인간에게 복 주시어 행복하게 살기 원하시어 다스리라.

정복하라는 특권을 주시며 하나님과 에덴동산에서 교재하며 살기로 원하시며 우리를 하나님 닮은 모양으로 지으시고 인격을 주시었다.

그 특별한 은혜 중에 우리를 나타나게 하신 것이 다름 아닌 다스려라 정복하라는 귀한 뜻에 어마어마한 축복이 말로만이 아니라 우리를 하나님 닮은 형상 중에 특별한 지혜를 주신 것이다.

세상에는 인간보다 더 큰 동물이나 힘센 동물이 얼마나 많이 있는가. 소는 사람의 힘에 10배나 된다고 하며 호랑이나 사자의 용맹과 힘은 사람의 생각으로는 헤아릴 수 없는 강한 힘을 가진 것이다.

어디 그 뿐인가 바다에 고래와 상어 각종 동물은 어떠한가? 그럼에도 불구하고 동, 식물이 사람의 손바닥에 놓여있는 것이다.

만약에 지상에 전 동물을 마음대로 살육하라 하면 불과 몇 일만에 그 좋은 동, 식물은 씨가 마를 것이다.

수천 년을 한 자리에서 지탱해 온 원시림도 하나의 성냥개비나 톱과 도끼들 아래 맥 못 추고 넘어질 것이다. 어디 힘뿐이겠는가?

우리가 살아가는데 주거 문화를 먼저 보자!

호랑이나 사자나 각종 동물들은 우거진 나무숲이나 자연으로 이루어진 동굴에서 사는 것이 수만 년 수천 년을 흘러도 별로 다를 것이 없는 그들의 주거 문화이다.

수천 년의 나무가 춥다고 두터운 몸가림을 할 수 없고 비가 온다고 비닐포장을 치고 들어앉을 수 없지 않은가?

호랑이가 사자 불고기해 먹고 지져먹고 끓여먹는 법은 없다.

수천 년 흘러도 날고기다 먹다 두면 썩어 버리고 변질되고 부패할 수밖에 없다.

냉동실에 넣었다 먹는 법도 없다. 수천 년 흘러도 그냥 그대로이다.

이처럼 하나님이 우리에게 준 재능과 축복이 수없이 많다. 그러나 우리가 영토 전쟁만 할 줄 알고 우주 속에 묻혀 있는 수많은 비밀을 발견하고 개발하고 연구하면 수많은 인구가 있어도 행복하게 살 수 있을 것이다.

흙 속에서 수많은 광물과 미네랄이 있고 공중에도 물속에도 바닷물 속에서도 수없이 많은 비밀을 발견하고 개발했으면 우리 인간은 희망이 있으리다.

35

코순이 우리 아내

우리 아내가 참으로 고맙다. 세상 사느라 못마땅한 일이 많은 우리 아내지만 잠복 하나는 끝내주게 잘 주무신다.

드러누워 머리가 땅에 닫기만 하면 어느새 코고는 소리가 “크릉 크릉 푸파 푸파” 하고 자는 것을 보면 내 마음이 흐뭇하다.

코고는 소리가 듣기 싫기도 하련만 못난 영감 만나서 세상고생 다 시키었건만 그래도 잠 잘 때 보면 못난 영감이지만 영감이 옆에서 지켜 주기 때문에 믿고 단잠을 자는구나 생각을 하니 아내가 고맙기만 하다.

지난 날을 돌이켜 생각해보면 고생고생 아내처럼 많은 고생해 본 사람도 없을 게다. 모험심이 많고 덤벙 거리다가 휫닥하면 살림살이 없어지기 수번 시집살이 모든 고초에 뼈를 깍듯한 고생 늘그막에나 괜찮은가 싶었겠지만 돈 못버는 가난뱅이 글쟁이 그래도 떠날 수 없는 아내는 무던히도 고맙기만 하다.

내가 이해하고 고맙게 생각하는 것은 아내의 마음 놓고 코고는 모습이 듣기 싫은 것이 아닌 고맙기만 하다.

"푸푸 드릉 드릉" 코순이 우리 아내!

요즘은 아내가 무서워지기도 하고 고맙기도 하여 아내를 보는 시각이 달라졌다.

〈시〉 동반자

다홍치마 초록 저고리에 충청도 촌색시가
수줍어 고개도 못들더니
거칠은 세월 넘어 사나운 암사자 되어
안아줘도 으릉
업어줘도 으릉
어쩌라고 으릉으릉
수십 년을 함께 살어와도 지금 알 수 없는 아내의 마음

귀갓길 골목길에 들어서면
된장 내음 골목 안 가득 채워 놓고
들락날락 골목길에 불붙는다

너무도 고맙고 안쓰러워 다가서면
이놈에 영감 망령 났다 또 으릉
그래도 우리는 헤어질 수 없는 영원한 동반자
내 사랑하는 아내여

36

족탕기

뇌경색으로 쓰러졌다가 회복된 줄 알았다. 여름엔 잘 몰랐는데 날씨가 추워지자 몸이 움츠려 들고 뒷머리가 뻣뻣해져서 고개를 들 수 없게 되자 점점 자신이 없어져 밖같 출입을 꺼려하게 됐다.

집에 들어앉아 TV나 보고 이럭저럭 지내다 여주에 사는 친구가 생각이 났다. 꽤 오래된 군에서 만난 전우다. 그러나 그 친구하고 수용연대에 들어가서 불과 약 10여 일 동안 신체검사하느라 한 자리에서 지냈던 친구다.

그 친구는 서울 홍은동에서 경희대 2학년 때 입대했고 나는 시골에서 농사일 하다가 만나는데 그 짧은 기간이지만 그래도 마음이 맞았던가 보다. 그 친구는 나보다 몇일 늦게 훈련소에 넘어갔다. 원인인즉 눈이 나빠서 신검에 누락된 것이다.

헤어질 때 간단한 주소를 적어서 주었지만 훈련에 시달리다 그 주소를 까맣게 잊어 버렸다.

그 후 제대해서 서울에 와 이리저리 살다가 실패를 했다. 몇 년 후 고향 이천읍내를 들렀었다 지금도 있는지 모르지만 이천 읍내에 푸른 다방이라고 이층에 있었다.

나는 이곳에 볼 일이 있어서 계단을 딛고 올라가는데 누군가가 "어어 종식이" 하는 것이다. 나는 그 소리를 듣고 위를 바라보는데 누구인지 전혀 알 수가 없었다.

"가만히 있자 생각이 안 나는데 누구시지요." 하자.

"나 수용연대에서 만난 최영섭이야."

"응 최영섭이는 안경을 낀 것으로 아는데." 응 콘택트 렌즈를 끼었지.

"아 아 그랬구나!" 이렇게 해서 군 전우를 만났다. 그 후 우리는 자주 만났다. 그것도 그 친구가 서울에서 무엇을 하다가 실패를 했다.

그 후 여주 흥천면에 선조께서 물려준 토지가 있어서 이곳에 와서 살게 됐기에 내 고향과 가깝기 때문에 일 년에 한두 차례씩 오고가는 막연한 친구라 오늘따라 친구가 궁금했다.

지난 여름 갔다 오긴 했지만 궁금하기에 물었더니 뇌종양을 일찍 발견해서 간단하게 치료했다고 했다. 그 친구의 근황을 묻기에 날씨가 추워져서 몸이 움추려들고 몸이 뻣뻣 하다고 하니까 족탕기를 보내주었다. 참 고마웠다.

족탕기 한 대에 20만원이나 한다고 가격이 쓰여졌다. 내 주변에 수많은 성도들이 있지만 친구의 건강을 생각해서 거금을 들여 사줄 수 있는 것이 어디 보통 우정인가. 나는 족탕기에 발을 당구면서 그때 그 일을 잊을 수 없어 감사할 따름이다.

나에게 참 좋은 친구야. 어느날 이 친구가 나에게 문병왔을 때 우리

교회 장로님이 오셨을 때 마주쳤던 것이다.

나는 내 친구를 군대동기라고 소개를 하자. 장로님이 하신 말씀이 기억이 난다. “참 좋은 친구 두셨군요. 저도 그런 친구가 한 사람만 있어도 좋을 터인데” 하고 부러워 했던 것이 생각나고 보니 내 친구가 더욱 값져 보인다.

37

내가 살아 가는 법

내가 직장 다닐때 이야기다.

내 머리에 습진이 생겨 머리가 항상 끈적끈적하게 몸을 괴롭혔다. 성경말씀에도 몸은 하나 각양 모든 부착물이 붙어 있듯 눈, 코, 입, 귀, 팔, 다리 모든 것들이 별거 아닌 것 같아도 그 붙어 있는 부속물이 하는 일이 제각기 달라 하나가 불편하면 몸 전체가 불편하다.

내가 머리 속이 근질근질 하고 끈쩍끈적 한 것이 몇 칠 그런 것이 아니고 수개월동안 나를 괴롭혔다. 병원에도 가서 주사도 맞고 바르고 먹고 해도 전혀 낫지를 않는 것이었다.

생각다 못해 내가 약 처방을 새롭게 했다. 일단 습진에 바르는 연고에다 단위가 높은 마이시렝 한 알과 소염재와 세가지를 섞어서 발라 났다. 그렇게 두어번 바르고 나니 씻은 듯이 깨끗이 나았다.

돈 많이 받고 일하는 의사도 별 수 없다 싶다. 그 의사들은 마치 틀에 박힌 것 밖에 모르는 것 같다.

그러나 나는 해냈다. 모로 가도 서울만 가면 된다더니 병 낫는 게 약이요 의사다.

그러나 잘못 했을 때 의사가 잘못 했으면 과실 치사로 가벼운 처벌을 받겠지만 보통 사람 전문의가 아닌 사람이 잘못 했으면 요절 냈을 것이다.

우리 주변 생활에서는 우리가 다 알지 못하는 여러가지 일들 속에 숨겨져 있는 수많은 것들이 우리 인간들이 개발해 줄것을 기다릴 것이다.

내 수필에 어디엔가에 말을 한 바 있지만 모든 만물들을 사람에게 필요하게끔 만들어 왔을 터인데 미처 발굴하지 못한 것이 수없이 많을 터인데 속히 발굴하여 우리에게 필요한 모든 것을 찾아보자.

우주 공간에서 각종 비료 등 만들고 토양에 무수한 광물과 유기물로 식물을 길러내듯이 그 흙을 먹고 자란 동식물은 우리 인체에 영양소를 공급한다. 또한 뿐만 아니라 물을 개발하여 물속에 무엇이 들었기에 인체가 물을 먹어야 살고 물과 식물들은 동물과 인간에게 모든것이 주어졌다. 내 생각으로는 이제껏 개발했다고 해도 $\frac{1}{10}$도 못 개발한 것 같다. 하나님이 우리인간에게 준 모든 선물을 값있게 활용했으면 한다.

바람이 불어 시원하기도 하겠지만 그 바람을 이용하여 곡식을 날려 깨끗하게 할 수도 있다. 그런가 하면 풍차가 돌아가서 전기를 일으킨다.

이름 모를 풀을 잘 못 먹으면 독이 되기도 하고 때로는 상처난 부위에 짓이겨 바르면 치료가 되기도 한다. 물가에 무성히 자란 여뀌풀을 이겨 물에 풀면 고기를 잡을 수 있다.

어렸을 때 이야기다. 그네를 타다 미끌어져 맨발이 그릇 깨진 곳에 닿아 10cm정도 쩍 벌어졌다. 병원이 있는 것도 아니고 할 수 없이 피가 흐르는 곳에 마른 흙을 바르고 싸매었더니 그만 저만 하기에 모심기에 따라 다녔더니 어느새 나아버렸다.

사람이 살다가 궁지에 몰려 진퇴양난으로 막막할 때가 닥치기도 한다. 그래도 어떻게 하던 어려움을 헤쳐나가는 것이 어려운 세월 겪은 우리네 조상님들이시다. 사람사는 길에 공식이 있기도 하지만 공식 밖에 일이 더 많다.

한 사람이 파도에 쓸려가다가 무인도에서 정착하게 됐다고 하자. 당장 살아 가자면 여러가지로 궁리 끝에 물이 없으면 나무 수액을 내어 먹기도 하고 나무 열매나 물고기도 잡아 먹기도 하고 우선 비가림으로 … 바위 밑에다 자리 잡기도 할 것이다. 우리 말 속담에 이가 없으면 잇몸으로 살 수 있듯이 너무 황당하지 말고 좌우로 살펴보고 생각하면 삶에 지혜가 떠오를 것이다.

그리고 내 주변에 각양 사물속에서 반드시 삶의 길이 열릴 것이다.

세상 만물들과 우주에도 무수한 개척지가 우리를 기다린다.

내가 어렸을 때 친구 어머니한테 들은 이야기가 생각나 저 종식이 저 놈은 산꼭대기에 갖다놔도 살거야. 저애 하는 것 보면 저놈 속에 무엇이 들어 있는지 알 수가 없어. 어리석은 듯 하면서도 똑똑한 것 같고, 똑똑한 것 같으면서도 어리석고 저놈 웃기는 놈이야.

38

석유 치료법

내가 매향교 다리 옆에서 헌옷 장사를 할 때다.

점심 식사를 한 것이 잘못 되었는지 속이 더부룩 하고 아프기 시작했다. 꿀꺽 거리고 달래 봐도 말을 듣지 않았다.

하는 수 없이 가까운 약국에 가서 약을 사다 먹고서야 괜찮았다. 이때 옆에서 같이 있던 친구들과 같이 이야기를 꺼냈다.

"아이구 그래도 오늘 가까운 약국이 있어서 다행이지요. 약국이 없었다면 어떻게 했을까."

"허허 그러게 말이요. 그래서 다 사람 살기 마련이요."

나는 껄껄 웃으며 말을 꺼냈다. 이야기는 60년 전으로 돌아간다.

시골 어렸을 때는 읍내 장터는 20여리 되니 우리 꼬마들이 먹을 것이 별로 없고 겨울 내내 가장 흔한 것이 고구마이다. 잘 알겠지만 고구마는 날로도 까먹고 불에 구워 먹기도 하고 쪄서 바가지에 담아 머리맡에 놔두면 언제든지 먹는 것이 간식겸 밥 대신이다. 특히 나는 고구마를 매우 좋아했다. 눈만 뜨면 일어나지도 않고 이불 속에서 바가지에 고구마를 우기적 거리고 곧 잘 먹었다. 그러던 어느 날이다.

고구마를 먹는 것이 급체가 됐던지 배가 아프기 시작했다.

“할머니 나 배 아펴 아이구 나 죽겠다.” 하고 뒹굴르자 할머니께서 배도 문질러도 보고 등도 두두려봐도 소용없자 바늘로 발가락, 손가락을 다 찔러 봐도 소용이 없었다. 지금 같으면 전화 한통으로 차도 부를 수 있겠지만 차도 없고 걸어가지니 손자 새끼 죽이게 생겼을 것이다.

할머니는 알고 하셨는지 모르고도 하셨는지 모르지만 석유를 따라 주셨다.

등잔불 켜던 시절이다. 큰 대병에서 석유를 종발에 쏟으셨다. 그리고는 나더러 먹으라는 것이다. 나는 이때 알든 모르든 할머니께서 시켰던 것이기에 석유를 몇 목음 마셨다. 먹고난 그 냄새 이루 말하면 무엇하랴. 속이 메시껍고 느글거리더니 잠시후 먹어서 체한 것이 쏟아져 나오는가 싶다. 쫙쫙 쫙쫙 쏟아져 나오기를 얼마를 하더니 아팠던 배가 가라 앉았다. 그러나 속이 메시껍고 느글거리고 항문에서는 바람이 새듯 항문이 열려 있는 듯했다. 그렇게 해서 내가 살아나 싶다.

그러나 몇일 동안은 입과 속에서 울어나오는 석유냄새, 항문은 여전히 바람나듯 몇날을 지냈다.

나는 내 주변 장사하는 곳에 모인 몇 사람과 이야기를 신명나게 했다. 이때 매향시장 쌀장사하는 김씨가 빙그레 웃으며 입을 열었다.

“허허 그러고 보니 나같이 똑같은 사람이 또하나 있었네 그려” 하고는 이갸리르 꺼냈다.

"여보 윤씨, 윤씨는 고구마 먹고 체해서 석유 먹고 뚫었지만 나는 그까짓것 아무 것도 아니요" 하고 이야기가 시작되었다. 한 옆에서는 깡통에 모닥불은 텔텔 타오른다.

김씨가 국민학교 2~3학년때 쯤이라고 했다.

김씨는 배가 시름 시름 아프기 시작했다. 그래도 도시에 살았기에 약도 먹고, 병원에 가도 도무지 차도가 없자 심지어는 무당 되려다가 굿도 했으나 배가 아프더니 점점 더하여 머리 속까지 아프기 시작했다. 몸은 점점 쇠약해지고 도무지 가망이 없다고 하며 병원에서 마음 준비하라고 했다 한다.

그러던 어느날 누군가가 마지막으로 쓸 것이 있다면 휘발유를 먹여보라고 하였다. 김씨는 부모의 요청에 따라 휘발유를 몇 목음 마쳤다.

휘발유를 먹은지 불과 몇 분도 안되서 속이 뒤틀리기 시작하더니 각종 기생충이 다 쏟아져 나왔다. 그후로 김씨는 회복되기 시작하여 새로운 삶이 되었다고 했다. 그후 병원가서 사실 이야기를 하니 간디스토마니, 디즈스토마 촌충들이 잘못하면 뇌를 파고 들면 죽고 만다고 했다. 간디스토마, 디즈스토마는 날생선에서 감염되니 절대 날 것은 먹지 말라고 했다 한다.

매향교 다리 옆에서 피어나는 모닥불 속에 우리는 이야기 꽃을 피우며 세상에서 알 수 없었던 새로운 명약을 발견한 샘이다. 체한 곳에서 석유를, 간디스토마, 디즈스토마 촌충에 휘발유 허허 우리 특허를 냅시다. 특허내요.

39

메 아 리

산에 올라가 자신의 기쁨을 마음껏 토하듯 '우…… 워……' 하고 소리쳐 보면 돌아오는 소리는 역시 혼자가 아닌 더 많은 소리를 몰고 오듯 또 다른 신비를 몰고 온다. 마치 인간과 자연이 동떨어져 있지 않듯이 우리는 늘 어느 것이고 혼자가 아닌 산대적인 것인 것을 의미하는가 보다. 때에 맞춰 밖에선 음악소리가 흘러나온다.

내가 있으매 네가 있고, 네가 있으매 내가 있다고 신나게 불러댄다. 이 소리야말로 그냥 흘러가는 유행가라고 하지만 이 말을 조용히 음미해 보면 결코 한 번 가고 마는 유행가가 아닌 진리가 될 수 있다.

인생이란 혼작 아닌 상대를 의식하듯이 모든 매사는 나를 생각하고 남을 생각하고 말을 할 때도 역시 상대를 의식하지 아니하면 안될 것이다. 이처럼 우리는 나 혼자가 아닌 수많은 베일 속에 서로 엉키고 설켜 살아간다. 가깝게는 가정이 있고, 이웃이 있고, 사회가 있고, 국가가 있으며 지구촌이라는 거대한 것까지도 나 한 사람의 역량으로 말미암아 피해를 입힐 수도 있다는 것을 생각해 보자.

그렇다면 그 무엇이 나와 상대적인가를 하나하나 들추어서 수록해 보자.

늘 항상 머리를 맞대고 살아가는 가정에서는 부모와 자녀, 부부를 비롯하여 한 구성체를 이루어가는 한 클럽이라 하면 이것이 한국 가정에 정상적인 가정이라고 봐야 한다. 그런데 요즘은 한 가정 하면 부모를 제외한 두 자녀를 둔 네 명 내지 다섯 명 다시 말해서 자녀가 둘이거나 세 명을 포함한 부부까지 넷 내지는 다섯 명을 一家族이라고 흔히 생각들 하는 모양인데 그럼 부모를 어떻게 생각하며 그들은 나름대로 어떻게 대책을 하고 있는가 하는 문제이다.

게 중에는 부모님 잘 모시고 살아가는 사람도 있다. 그러나 대부분의 사람들이 생각하는 것은 부모를 제외한 단일가족만을 먼저 생각한다.

얼마 전에 직장 동료 한 사람이 결혼 문제로 여기 저기 혼처가 생기는데 우선은 신랑에 대한 신분 문제로 키가 몇 센치냐? 학력은 어디까지냐? 직장은 어디 다니냐? 다 해 놓고, 좋아 좋아 해 놓고 가족 관계는 어떻게 되느냐? 하고 물었을 때에 이 중에서 가장 이상적인 것은 부모를 모시지 않는 단일 가족을 제일로 삼게 된다.

가령 다른 것은 다 좋은데 부모를 모시게 된다면 그것은 70%이상이 깨지게 된다. 이쯤 되고 보니까 단 한 밖에 없는 아들을 둔 부모 자신도 자녀와 함께 산다기 보다는 아예 따로 살림을 내 줘야겠다는 전재적인 조건을 앞세운다.

자식하나 장가 못 들일까봐 우리 아들은 장가들면 따로 나갈 거에요. 하고 말한다면 딸을 가진 쪽에서는 그제서야 고개를 끄덕끄덕하고 괜찮다는 반응을 보인다. 그러나 이 쯤 자신있게 자녀를 따로 내놓을 수 있다는 부모는 나름대로 자녀에게 의지하지 않아도 생활을 해 나갈 수 있다는 능력이 있기 때문이다.

그러나 생활 능력이 없는 부모로서는 안타까운 노릇이다. 이처럼 가정에서의 가장 큰 문제점은 부모와 자식간에 갈등이 제일 큰 문제점이고 또 하나의 문제는 부모 슬하에서 커가는 자녀와의 가족관계이다. 옛날에는 부모가 자녀를 키우는데는 적어도 그 자녀로 인하여 자신의 노후를 생각해서 자녀를 잘 가르치고 잘 입힌다는 목적을 두었을 것이다. 그러나 지금은 앞서 말한 것과 같이 자녀를 기르되, 자신의 노후와는 관계없이 부모로서 할 의무이기 때문에 자녀의 뒷바라지를 해야한다는 것이다.

이쯤 생각하다 보면 부모는 자녀에게 쏟아줘야 할 모든 사랑을 어딘가는 조금 견제해야 할 조짐을 보이게 마련이다. 자녀에게 적극적인 봉사를 할 수 없는 것이다. 나도 늙어서 살아가야 할 대책을 따로 세워야 한다는 또 하나이 험한 벽을 생각지 않을 수 없다는 것이다. 옛날 부모들은 자녀에게 모든 것을 다 주었고 그리고 노후를 자식에게 다 맡겼다. 이것은 완전한 합의일체로 가정의 균열이 생길 수 없다는 것이다. 잘 살아도 못 살아도 자녀와 부모는 끊을 수 없는 한 뭉치의 콩엿처럼 같이 굴렀던 것이다.

그러나 지금은 자식도 품안의 자식이요, 커 놓으면 남이 된다는 것을 의식해가면서 부모는 자식에 대해 정적인 소홀감을 갖게 되고 자식은 커 가면서 부모를 점차적으로 떨어져 나갈 것을 의식해간다. 이것이 두 번째의 가정 문제로서의 쟁점이며 세 번째는 부부간의 균열이다.

남남끼리 만나서 어떻게 자신들이 마음에 꼭 들게 해 달라는 것은 지나친 욕심이다. 부부란 서로 이해하고 양보하며 다소 마음에 들지 않더라도 칭찬해 주며 사랑해 주려고 애쓰며 의무감을 가져야 할 것이다.

어느 날 내가 시골 면 소재지에 결혼식이 있어 간 일이 있었다. 사회자가 주례를 소개하는데 면장님이라는 소리에 다소는 비웃는 듯 실쭉하는 사람들을 봤다. 생각건데 도시로 따지면 동장정도인데 너무 직위가 낮다는데서 웃는 소리로 들렸다.

그런데 그 분의 말씀 중에 이런 말이 있다. "부부란 이해하고 서로 존중하며 아끼는데 존재할 수 있다. 다소 마음에 들지 않더라도 칭찬해 주며 수고했다고 격려해 주는데서 사랑이 깃든다." 이 한마디가 내 귀에 걸려들었던 것이다. 나는 많은 결혼식장엘 가 봤지만 내 귀에 귀담아 들은 연사는 별로 기억이 남지 않지만 이곳 시골 면장님의 하시는 말씀은 분명히 내 마음 한 곳에 공감이 갔다는데서 면장님의 얼굴을 다시 한 번 본 것이다. 어찌 생각하면 흔히 할 수 있는 말이다. 그러나 그 흔한 말을 유효적절하게 쓸 수 있다는 그의 생활 철학에서 나온 삶의 지혜일 것이다.

이처럼 우리의 생활 속엔 알게 모르게 나름대로의 상대적인 속마음을 얼마만치 이해하는데 그 가정은 순탄하게 항해할 수 있다는 것이다.

옛날 같으면 여필종부(女必從夫)라 해서 여자는 반드시 남자를 따라 자신의 의견을 거의 무시한 채 노예적인 생활을 했던 모양인데 지금에 와서는 남녀동등권이라는 권리를 넘어서 여성상위권 시대로 돌입했다는 것이다. 남자가 월급을 타다가 부인한테 내 맡기면 생활은 어떠하든지 간섭하지 말라는 얘기다. 사실 상 생활 경제권 부인한테 넘기고 나면 남자가 하는 일이란 돈 벌어다 주는 머슴에 불과한 것이 아닐까? 어느 날인가 우리 집 아내가 남들 하는 짓을 배웠는지 월급봉투에 대해서 참견한다고 핀잔을 하는 것이다.

"사내가 쩨쩨하게 살림에 참견을 해. 다른 집에 가 봐요." 하고는 월급봉투를 나한테 도로 내밀면서 당신이 다 하시오. 하는 것이다. 나는 그 말에 크게 기분이 상했다. "어떻게 자기가 벌어들인 노고의 대가를 참견하지 말라고 하느냐. 한 달 내내 뼈심 들여 벌어놓고 생활 돌아가는 내용이나 알아야 할 것 아니냐." 하고 다툼이 있었다. 글쎄 다른 남자들은 어떻게 생각하는지 몰라도 나 만큼은 그렇게 생각지 않는다. 그렇다고 월급 탄 나 자신이 모든 생활을 혼자 다 해나가겠다는 얘기도 아니다. 어디까지나 부부의 의견을 종합하고 자녀들의 의견도 따라야 될 것이다.

그 후 나는 월급을 타는 날 저녁이면 가족 공동회의가 열리는 셈이다. 우선은 아내의 의견에 많은 비중을 둔다. 쌀값, 연탄값, 교통비, 부식대, 전기, 수도 등등 얼마 하곤 딱 떼놓고 그 다음에 자녀에게 필요 따라 떼 준다. 그리곤 물품이 필요할 땐 된다, 안 된다, 예산을 추가하기도 하고 삭감하기도 하며 짜고 짜서 나머지는 저금을 한다. 이것이 우리 가정의 생활 바침인 것이다. 어찌 생각하면 이것이 가장 이상적인 가정생활이 아닐까 생각된다.

우리의 가정을 벗어나면 바로 이웃이다. 한 가정을 지키는데도 도덕과 예의가 있고 질서가 있듯이 이웃도 역시 마찬가지다. 한 지붕 안에 사는 사람도 이웃일 수도 있고 한 골목 안에 사는 이도 한 동네 사는 사람도 이웃이다. 그런데 이웃을 너무 모르고 산다.

시골 살 때에 온 동네를 비롯해 이웃 마을까지 아무게 하면 한 사람, 한 사람 품행까지 다 읽어 내려가듯이 훤히 다 알고 있다. 잘못된 일이 있으면 훈계도 하고 잘 된 일이 있으면 격려도 해준다. 그렇듯이 시골에서 만큼 이웃의 도덕과 질서 예의를 다 갖추어가면서 살아가는 것 같다.

그런데 도시만큼은 그렇지를 못하다. 한 골목 안 사람들은커녕 한 지붕 안에 살면서도 인사 조차도 않고 사는 사람들이 허다하다.

지금 내가 살고 있는 집안에서도 예외는 아니다. 우리가 사는 집안에 세 가구가 산다. 주인을 비롯해서 지하엔 내가 살고 주인 집 옆방에 또 다른 젊은 내외가 새로 이사 왔다. 그 젊은 내외가 이사 오기 전 사람들이 살 때는 주고받는 인사라도 따뜻하게 있었는데, 이 번 내외는 전혀 그러하지 않다. 물론 나잇살이나 더 먹은 나의 책임도 있겠지만 나는 그래도 이사 오던 날 들여다보고 격려해주며 이웃끼리 재미있게 지냅시다. 하고 인사를 먼저 청했다.

바쁘게 다니던 중에 인사를 해서 몰라보시는지 모르지만 그게 아니더라도 주인이든 나그네든 먼저 살던 사람이고 나이도 더 먹었으니 쳐다보고 마주치면 고개라도 한 번 끄덕하고 지냈으면 얼마나 좋을까. 대단히 민망스러운 노릇이다. 그렇게 도도한 사람들에게 섣불리 접근했다간 잘못하면 망신이나 할 것 같고 또 텃세에 나이 더 먹었다고 충고를 한마디 했다가는 네깟 놈이 뭔데 잔소리야 하고 한마디 하고 덤빌 것 같은 생각도 든다.

아무튼 이웃이란 이래서는 안 된다. 경우에 따라 그 가정이 다급한 일이 생길 때 먼저 찾는 것이 이웃이다. 멀리 떨어진 부모 형제나 사촌을 찾으러 갈 새가 없는 것이다. 예를 들어 두 내외가 사는 가정에서 연탄가스로 인하여 죽게 되었다고 하면 이웃에 있는 사람이 그냥 둘 수 없는 것이다 또는 부모가 상을 당하거나 또는 별안간 화재가 났을 때도 마찬가지다.

여러해 전 일이다. 내가 밖에 나가서 음식을 잘못 먹고 들어왔는지 집에 들어오니까 온 몸이 두드러기가 나고 가렵기 시작하더니 차츰 배가 아프고 뒤틀리기 시작하는데 이건 꼼짝없이 죽게 생긴 것이다. 숨이 탁탁 막히고 배가 뒤틀리는데 이 때에 한 이웃에 살던 아저씨 한 분이 자전거를 타고 약방에 가서 약을 사왔다. 물론 그 약을 먹고 진정이 되었고 완치가 되어서 지금까지 그 때 일의 고마움을 잊지 못한다.

이웃이란 이런데서 좋은 것이다. 이웃의 도리란 최소한 알고 지낼 정도가 되어야 하는데 그 알고 지내는데 한 걸음 나아가서는 이웃 사람의 눈에 벗어지지 않는 도덕적인 행위를 해서는 안된다는 것이다.

짧은 옷에 또는 잠옷 바람으로 문 밖을 나가는 것도 역시 이웃 사람들의 보기 좋은 현상은 아닐께다. 지나친 부부싸움도 삼가야 하며 고성 음악도 역시 이웃 살아가는 데 옳은 일은 못된다. 그런데 이웃 모르니까 좋은 일이 한 가지 있다고 한다.

옆집에 누가 있든 직업이 무엇이든 전혀 모르니까 걸리는 것이 없어 좋다고 한다. 이웃이 서로 알고 지내면 직업에 대한 신분이 노출되어서 부끄러운 사실도 있다. 이웃집이 돈 많은 사장 네가 살고 옆집엔 노동자나 행상이나 또는 돈 많이 벌지 못하고 거친 일을 하고 사는 사람이 있다면 요즘 유행어로 (쪽 팔려서 못 살겠네) 하고 한 마디 쯤 나올 만도 하다. 그러나 이웃을 알려고 하지도 않고 간섭하지도 않는 것이 오늘의 이웃이기 때문에 그런 점에서는 나도 좋은 점이 있다. 나 역시 넉넉하게 사는 생활수준도 아니고 고급스러운 직업을 가진 것도 아니기 때문에 오히려 알까 봐 두려울 때도 있다.

지금 나의 생각도 역시 옳은 생각이 못 된다는 것을 안다. 내 직업이 어떻든 이웃이 알면 어떻고 부자가 아니면 어떠하랴. 또는 이웃 사람이 가난하게 살고 직업이 좋은 직업이면 어떠하랴. 오히려 알고 지내면 도움도 줄 수 있을 것이다.

직장을 잃은 사람이 있으면 일자리도 마련해 줄 수도 있고 어려운 일이 생기면 도와주기도 하는 것이 이웃이다. 그러나 도시 인심은 알아서 좋은 일도 있지만 안다고 해서 크게 생각해 주려 들지 않는 단면도 있다. 나 잘 먹고 잘 지내는데 이웃이 어떻든 알아서 무엇하랴. 하고 높은 담을 쌓고 그것도 부족해 담장 위에 가시 철망을 쳐 놓는다. 그리곤 지나는 발자욱 소리만 나도 꿩꿩 짖어대는 세퍼트를 매 놓았다.

이쯤 되면 이웃 알고 지내기는 커녕 그 집에 내용이 노출될까봐 두려워 할 정도다. 몇 해 전 일이다. 이산가족 찾기 운동이 한창 전개 될 때다. 북에서 넘어 온 한 실향민 네 가족이야기다. 남들은 만나고 기뻐하고 눈물짓고 애타게 기다리는 것 보고 같이 웃고 울다가 보니 함경도에서 살던 ××인데 ○○○ 찾습니다가 나왔는데 TV로 보던 아이들은 야! 하고 함성을 지르며 아빠를 찾는 사람이 있다고 기뻐했는데 오히려 자신을 찾는 그 사람은 얼굴색이 어두워지고 내가 아니라고 부인했다는 것이다. 속셈인 즉은 가까운 친척도 아니고 알아본다고 해봤자 귀찮다는 것이다. 잘 안다고 찾아와서 궁색한 소리나 하고 나면 모르는 것만 못하다는 얘기다.

나는 그 소리를 듣고 어떻게 사람이 그럴 수가 있을까 하고 의아심으로 그를 쳐다보기도 했다. 그 분 자신이 나한테 대고 그런 소리를 한 것은 아니다. 옆에서 듣고 있던 삼자한테서 전해들은 이야기지만 아무튼 (때지 아니한 굴뚝에서 연기 나랴)하는 식으로 그런 말이 있었길래 나온 소리일 것이다.

생각해 보자. 그 사람 자신이 북에서 넘어왔다. 그가 이 땅에 넘어올 때 가지고 온 것이라고는 아무것도 없이 홀몸으로 1.4후퇴 때 넘어왔다고 한다.

북한의 정치가 지긋지긋하여 이 땅에 와서 피땀으로 모았든 쉽게 모았든 그래도 일개 동에서 가장 부자라고 할 만치 많은 돈을 모았다 하면 수억대는 될 것이다. 물론 자녀들 위해 모으고 그 자녀들에게 상속해 주려고 했을 것이다. 그쯤 되면 사회란 커다란 개념 보다는 적어도 이웃을 위하여 선심을 쓸 만도 하련만 하물며 북에서 잘 아는 사람이든 먼 친척이든 잘 알길래 이산가족 찾기에 방송까지 나왔다고 하면 어떻게 모르는 체 하고 그냥 넘어갈 수가 있었을까.

아무리 생각해 봐도 나의 생각으로 이해가 가지 않는다. 이것은 한 사람의 양심이기 전에 가정과 이웃의 문제를 넘어서 사회와 민족의 문제일 수 있다. 아무리 자본주의 국가에서 내가 벌어 나 쓰기 위해 자본을 모았다고 하지만 이럴 때에 사회를 위해 이웃을 위해 쓸 수 있는 아량이 있었다면 하는 아쉬움이 든다.

세 번째로 우리는 사회속의 나라는 자신을 생각해 볼 의미가 있다. 가정을 나와 골목길을 나서면 그 때는 모르는 사람, 아는 사람, 허다하게 많은 사람을 만나는 것이 도시 생활이다. 이것이 나와 사회가 만나는 첫 발걸음이다.

큰 길가에 나가 자전거를 타든 버스를 타든 내가 활동하는 범위 자체가 나 한 사람이 소유할 수 있는 사유 재산이 될 수도 없고 또 사유 것이 되어서도 안 된다. 그러나 우리는 나의 것이 아니더라도 멀리 부산도 가고 목적지에서 자기 볼 일을 본다. 부산의 명물 해물도 먹을 수 있고 해운대 해수욕장에서 목욕도 할 수 있다.

목욕하는 것과 먹을 수 있는 것은 돈을 내야 하지만 그 부산거리를 온 종일 누비며 다녀도 누가 길거리에 다니는 길 세 내라고 하는 사람은 없다. 그러나 그 사람이 사람 보는데서 오줌 누었다던가 길 한복판에 똥을 쌌다고 하면 누구나 눈살을 찌푸리기도 하고 욕도 먹기도 하며, 잘하면 경찰서에 끌려 즉결 재판에서 여러 날 구류도 살 수도 있다.

또 뿐만 아니라 술 취한 사람이 공중전화에 들어가서 술김에 했든 고의적으로 했든 유리창을 깼다든가 전화를 주먹으로 두드려서 부수었다고 하면 그도 역시 똑같은 방법으로 지탄 내지는 처벌까지 받게 된다.

이처럼 우리는 직접 내 것이 아니지만 서로 사용할 수 있고 서로 아껴야 할 공공시설들에 대해서 하나의 사회적인 차원에서 아끼고 지켜야 할 의무를 지고 있다. 도로 공사가 그냥 되는 것이 아니고 가로등 하나가 그냥 생긴 것이 아니라는 것을 모두는 잘 알고 있다. 국민의 세금으로 거두어 이루어 간다고 모두는 말할 것이다. 그러면서도 우리는 사회적 개념이 하나의 자신과 연관성 있다는 것을 너무도 방심한다. 하다못해 길거리에 내버리는 담배꽁초 하나 무심코 버린 그 하나지만 누군가는 내가 버린 담배꽁초를 쓸어내는 사람이 있다. 물론 쓸어 내는 사람은 시청 청소부이다.

시청 청소부는 시에서 월급을 받고 일을 하지만 그 시청에서 나가는 월급은 내가 내는 세금에서 나간다는 것을 생각하기는 쉽지 않다 그러나 굳이 돈과 연관성을 떠나더라도 모두가 보는 대로 상에 오물을 버렸다면 우선 유관에 보기 싫고 모든 사람의 눈살을 받게 된다. 이 모든 것을 가리켜 (공중도덕)이라 한다. 뿐만 아니라 모든 선량한 시민에게 혐오감을 주는 일들도 얼마든지 있다. 폭력배, 치기배. 더 나아가서는 사기꾼 또 더 나아가서 정치적으로 타인에게 피해를 주거나 경제적으로 손해를 주는 숫한 일들은 모두가 나와 가정을 포함한 모든 사회의 피해요소가 된다는 사실을 잊어서는 안 된다는 사실을 생각해 보자.

이를 넘어서서 서로가 돕는 사회가 되었으면 얼마나 좋을까. 남에게 해치는 일도 다양하지만 남을 돕는 일은 더 많은 것 같다. 길가는 연탄장수의 리어카 뒤를 밀어주는 것도 하나의 돕는 일이며 아름다운 일도 될 수 있다. 길가는 아주머니의 손 보따리를 도와주는 일도 얼마나 정겨운 일인가. 며칠 전 나는 인천서 서울로 가는 전철역에서 아주머니 한 분을 만났다.

어깨엔 가방을 걸치고 두 손은 어린아이를 손으로 안았다. 세 살 정도 되는 아이는 엄마의 수고와 아랑곳없이 잠에 취해 아이를 업은 어머니는 더욱 힘이 들어 보였다. 이리 뒤척 저리 뒤척하는 어머니의 얼굴은 짜증스러울 정도로 힘들어 보였지만 누구하나 자리를 양보하는 이가 없는 것을 본 나는 아주머니에게 아기를 나에게 달라고 하자 다소 사양하는 빛이었으나 두 마디의 권고에 어린아이는 곧 나에게 넘겨 왔다.

말하자면 송내역 쯤 되는 것 같다. 남영역까지 안고 오는 동안 나 자신도 꽤나 힘이 들었다. 팔도 아프고 허리가 더 아프다. 등을 문짝에도 기대보고 별 짓 다 해봐도 어린아이를 안고 간다는 것이 얼마나 힘든 일인지 비로소 깨달은 것 같다.

어린 아이를 나에게 맡긴 어머니는 나에게 몇 번인가 자기가 안고 가겠다고 양보할 것을 말했다. 나는 모처럼만에 좋은 일을 한다는 보람으로 오히려 "괜찮습니다. 이것도 하나의 좋은 일이지요." 하곤 끝내 나의 목적지에 다 와서 아이를 넘겨주었을 때 그 아주머니는 얼마나 고마워했을까. 수십 번이나 입이 닳도록 고맙다는 말을 했다. 그 진정한 인사 한 마디가 커피 한 잔 마신 것에 비할까. 그는 아마 모르긴 해도 그 때 일을 한 동안은 잊지 않을 것이다.

이렇게 작은 일이지만 진정 사회를 즐겁게 아름답게 이루어가는 다리가 될 것이다. 어떤 이는 거리에 나아가 거리 질서 운동에 참가를 한다. 어떤 이는 스스로 거리의 휴지를 줍는다. 자기가 사는 주변이 아니더라도 멀건 대낮에 켜진 가로등을 끄고 지나간다. 더 나아가서는 진정한 박애정신으로 노인과 아이를 보살피는 고아원과 양로원을 경영한다.

또는 대 기업을 경영해 가면서 종사원들의 보수 및 복지 생활이 물심양면으로 돕는 일과 국난이 있을 때 방위성금으로 수억씩 내 놓기도 하고 수재민이 있을 때나 불우 이웃 돕기 등등 년 중 행사 때마다 큰 몫을 담당하기도 하고 어떤 이는 정치적으로 민중의 앞잡이가 되어 올바른 정치 질서를 바로 잡는 일. 이 모든 것들이 없어진다면 사회는 매우 냉랭한 인정 없는 사회가 될 것이다. 나와 직접적인 생활을 떠난 바로 이웃과 모르는 모든 사람들에게 미치는 영향이야 말로 이를 일러 사회라 한다.

네 번째는 국제간의 문제가 곧 나의 문제라는 것을 잊지 말자. 내가 모여 가정을 이루고 가정과 가정이 맞닿아 이웃이 되며 이웃과 이웃이 모여 동네가 되며 더 나아가서는 사회가 되며 그 사회가 뭉쳐 한 나라가 되며 그 나라들이 모여 세계를 이룬 지구촌이 된다.

그러나 대부분의 사람들은 내 나라와 타국과의 이해관계는 별로 생각지 않는다. 내가 사는 나라가 잘 살면 그만이지 하는 정도이지만 크게 생각하면 인류문명이란 그런 것이 아니다. 가깝게 생각해서 우리나라에서 굴러다니는 자동차를 생각해 보자.

그 자동차를 우리는 자국 생산하지만 그 기술을 어디에서 도입했는가? 미국에서, 일본에서 선진 각국의 기술을 도입해서 우리나라는 자동차 생산국가가 되었다. 우리가 기술을 얻어온 나라도 결코 타국에서 기술을 얻기도 했을 것이다. 뿐만 아니라 그 자동차가 굴러다니는 기름을 생각해 보자. 우리나라를 단 한 방울의 기름이 나오지 않지만 타국에서 수입할 곳이라도 있었기에 우리는 평안한 여행을 하고 쉽게 빠른 화물이 운송될 수 있어 현 문화권에 가장 큰 비중을 차지하는 큰 몫을 한다.

또한 인간에게 있어서 가장 귀중한 생명의 연장 또는 병에 근원이 되는 의학의 과학화야 말로 인류 모두가 기원하면서 서로 의학을 교류하고 발표하며 서로가 돕는다. 아무튼 이웃 나라든 수억 만 리 떨어진 타국이든 인류는 한 문화권에 서로 돕는다.

교육에 국경이 없고 종교에, 문화에, 사랑에 기타 등등 인류가 생활하기에 좋은 것들은 서로 도와가며 살고 있다는 사실을 감안할 때는 지구는 한 가족이라는데 큰 공감이 갈 것이다. 때에 따라서는 분쟁이 있다. 서로 잘못된 일로 분쟁도 있지만 일방적으로 국토를 넓히기 위한 전쟁도 있다. 이럴 때는 정의의 편에 도움을 주는 나라들이 있어 이를 격퇴한다.

한 두 나라가 돕기도 하고 모든 나라들이 합쳐 연합군을 이루어 돕기도 한다. 그런 사례는 얼마든지 있다. 1차 대전이나 2차 대전이나 또 우리나라의 경우도 6.25때는 18개국의 연합국이 참전했다. 이런 일들은 크게 또는 작게 국제사회에서 늘 항상 발생되는 문젯거리로 등장한다.

얼마 전 스위스에서는 산불을 끄다 남은 가스를 강에 쏟아 부어 여러 나라에게 수질 오염을 시켰다고 큰 문젯거리로 등장됐다. 스위스는 고원지대로 그 강에서 시작되어 흐르는 라인 강이 독일로, 프랑스로, 네덜란드로, 이집트로 이어지는 강이라 한다. 한 나라의 잘못된 실수로 수많은 나라의 생명줄에 오염을 시켰다고 하니 이도 역시 국제 사회에서 지켜야 할 에티켓의 하나이다.

근래에 와서 우리나라도 남북 간에 큰 문젯거리가 생겼다. 40년이 흐른 휴전이 아니다. 북한에서 금강산댐을 막는다는 데서 남한에서는 큰 문제로 비화된 것이다. 북한강의 상류가 휴전선 넘어 금강산에서부터 시작이 된다고 한다. 그 상류를 막으면 가뭄 때는 물이 없고 반면에 장마 때는 심술로 강물을 터놓거나 제방이 붕괴되면 자그마치 이백억 톤이라는 어마어마한 홍수로 남한의 한강에 위치한 여러 개의 댐을 붕괴시키며 그 홍수의 범위는 강원도와 경기도 일대를 휩쓸고 지나가면 수도 서울은 물론 수원 안양의 수도 중심권이 침몰로 인해 모든 행정기능 및 수억 조의 재산 피해로 핵전쟁을 방불케 된다는 것이다.

이것도 국제법상 같은 강물을 이용하는 나라끼리라면 상대국의 이익에 피해를 주지 않는 범위에서 협상이 체결된 뒤에 이루어져야 한다는데 북한에서야 그와 아랑곳하지 않고 일방적으로 오히려 알까 두려워 몰래 몰래 공사에 착수했다고 한다. 이것이야말로 인류가 원하는 平和가 아닌 비타협이요 전쟁을 위한 선전포고와도 같은 것이 아닐까. 동족이 아닌 타국끼리도 서로 아끼고 서로 평화를 지키기 위한 노력으로 이 지구로 아껴야 할 우리들이 아닐까?

대략 이런 것들로 이 글의 줄거리가 되어 나 하나에서 부터 시작되어 가정과 이웃, 사회, 국가 또는 국제간의 이해관계를 엮어 나가야 할 질서와 도덕을 대략적으로 나열해 나갔다. 그렇다면 또 다른 각도에서 나 하나로부터 지켜야 할 뚜렷한 생활관을 정립해 보자.

나라는 자신은 하나의 독립체를 말한다. 자신에게 일어나는 신체적인 변화는 아무리 가까운 부모 형제 또는 처자식도 같이 동참할 수 없다. 체구 및 체질 인격형성 등등을 말할 수 있듯이 자기의 독립적인 생활로 이어져 가며 점차적으로 자라가면서 나라는 자신으로 세상에 등장하면서 자신의 얼굴 자신의 이름으로 세상을 대변하면서 자신의 위치를 지켜나간다. 외형과 내심이 합하고 세상에서 얻는 지혜와 학교에서 배우는 지식으로 자기 생활을 보존해 간다. 마음 폭이 넓고 좋으며 외형도 잘 생기고 잘 배운 사람이면 대인 관계상 사교에 무난한 동시에 자기의 진로도 빠르게 이루어져 갈 것이다.

그러나 사람에겐 모든 조건이 완전하게 이루어진 사람은 별로 없다. 외형이 좋으면 내심(內心)이 좋지 않고 머리가 좋으면 신체적인 조건이 나쁘든가 가정의 문제로 하고 싶은 일을 못하거나 아무튼 100%인생은 없는 것이다. 그러기에 사람마다 평점을 내기는 곤란하다. 누구는 백점이고 누구는 오십 점의 인생이란 말이 있을 수가 없다.

학교에서 공부하는 점수로 인생의 점수라고 하면 큰 오해다. 사람은 자기마다의 특성이 있는데 아무리 잘 배운 사람도 배우지 못한 보이지 않는 장점을 따라갈 수는 없다. 수십 년을 공부한 학자라고 하지만 시골에서 논밭갈이 하는 능숙한 솜씨는 학자로서 도저히 따라 갈 수가 없다.

반면에 힘이 좋은 장수라지만 조그만 체구를 가진 발명가 또는 예술 문인을 따라갈 수는 없는 것이다. 이처럼 인생을 등급으로 따질 수 없지만 사람에게는 사람끼리의 대변하는 인상이 있다. 제일 첫 번에 대하는 것이 얼굴이다. 얼굴로 그 사람을 대강 짐작한다. 마음씨가 나쁘다, 좋다 또는 사람이 지혜롭게 생겼다. 또는 무능하게 생겼다로 항상 추상적인 것이다.

한 집안에서 같이 사는 부모 자식 간에도 상대방 마음 또는 특성, 특재를 파악하긴 어렵다. 그렇다고 직장에서 월급의 차이를 그 사람 특성에 따라 지급할 수는 없는 것이다. 대략적으로 같은 입사 동시면 균등하게나 가지만 경우에 따라 승급 또는 특진이 있고 반면에 감봉 내지는 파면이 있다. 그 이외에 공동생활에서는 거의 공통적으로 이루어져 가나 사람은 저마다의 수천수만의 얼굴모양과 마음 따라 자기 인격을 형성해 나간다.

어떤 사람은 자기 얼굴 이상으로 인격이 월등한 사람이 있는가 하면 어떤 이는 얼굴은 훤한데 모양 값을 못하는 사람이 있다. 얼굴을 자기 자신에 대한 간판이나 마찬가지다. 내 얼굴은 이러니 내 마음은 이렇소. 하고 간판을 내 걸고 다니는 것과 마찬가지다. 그러나 얼굴모양은 항상 어제나 내일이나 같을지 몰라도 지혜를 쌓고 배우면 그 모양에서의 새로운 혁신이 올 수가 있는 것이다.

평소에 싸움이나 일삼고 도둑질이나 할 땐 흡사 보지 않고도 깡패 같고, 도둑놈 같아도 그 사람이 회개하고 새 마음을 가졌을 땐 천사처럼 보이게 된다. 또는 시골 사람이 서울 와서 오랫동안 살다 보면 새로운 문화에 익숙해져 세련된 모습을 보게 되면 또 다른 모습으로 보이게 된다. 그러나 보통 사람들은 늘 항상 그 날이 그 날 식으로 자기 인격 형성에 큰 변화가 없이 나가게 되는데 우리의 속마음은 누구도 예측하기 어렵듯이 별안간 현재의 모습에서 또 다른 모습으로 순간적으로 탈바꿈해질 때가 있다.

예를 들어 별안간 생활의 타격으로 인해 쫓기던 차에 남의 돈이지만 새로운 욕심이 생겼을 때 우발적인 강도로 변하거나 도둑으로 변할 수 있다. 그런가 하면 평소에 얌전하다가도 아름다운 여성의 매혹에 빠져 이성을 잃어버릴 때가 있는 것이다. 이렇게 본의 아닌 실수나 본의 아닌 행동으로 변할 때에 흔히 욕을 먹게 되고 생활을 파갱 내 일생을 망치기도 한다. 이를 지켜 본 가까이 있던 사람이 하는 소리가 있다.

"아, 그 사람. 그런 줄 몰랐는데 또는 그 사람 얼굴값도 못해. 또는 사지는 멀쩡해 가지고 그런 짓을 다해." 이런 식으로 나온다. 그렇듯이 우리는 개개인의 간판을 달고 다니듯이 그 간판의 몫을 해야 한다는 것이다. 자기 얼굴에 대한 책임을 지자는 것이다. 또한 많은 학식을 쌓은 사람이 야비하게 옳지 못한 행동을 했거나 그 학식을 악용했거나 품위에 손상되는 일을 했을 때는 배운 값을 못한다고 빈축을 사게 된다. 그런가 하면 나이는 많이 먹었으면서도 수하 사람들한테 옳지 못한 행동을 했을 때도 역시 나이 값을 못한다는 욕을 먹게 된다. 지금 말한 것들이 대략 자신에 대한 인격 문제에 관한 것들이다.

그러나 이 같은 일들은 자신 혼자 있을 때에 자신의 문제들이지만 나아가서 한 직장인으로서 지켜야 할 자세들이 있다. 직장에서도 물론 자신에 대한 얼굴값도 해야 되고 나이 값도 해야 되며 남보다 많이 배운 학문 값도 해야 한다. 그러나 중요한 것은 자신에 대한 이름이다. 나는 회사의 한 직원으로서 항상 명찰을 달고 다니게끔 되어 있다. 그리고 명찰에는 회사이름과 직급이 쓰여 있다. 그런데 우리 직원들은 거의 다 명찰들을 달고 다니는 것을 기피한다. 나름대로 명찰을 기피하는 원인은 몇 가지로 볼 수 있다. 하나는 자신에 대한 직급이 낮기 때문이고, 또 하나는 자신의 이름이 팔리기를 꺼려한다.

우리의 직무는 대체적으로 외근을 하게 되는데 하는 일은 서비스의 한 기관으로 대민을 상대로 하는 일들이다. 일은 직접 대민들과 상담을 하는 것은 아니다. 자기가 맡은 구역을 고장 수리 또는 환경 정비를 잘 해 놓으면 시민들이 이용하는 서비스 기관이기 때문에 자기가 맡은 구역에 고장이 잦거나 또는 시민들과 직접 맞닿아 시민의 불편 때문에 오고가는 언동 속에 자신의 과격한 행동이 노출되는 때를 은폐하기 위해서 명찰을 기피하는 수가 있다.

물론 인간이기 때문에 실수도 있고 때로 게을러서도, 기량이 미숙해서도 시민들에게 충분한 서비스를 못하기도 한다. 그러나 명찰을 달아야 할 사람들이 명찰을 기피한다는 것은 회사 규율에 대한 도전이요, 자신에 대한 도피행위요 나아가서는 자신이 하는 일에 대한 책임을 질 수가 없다는 뜻이다.

나는 이 말을 통한 따끔한 말을 한다면 자신이 하는 일에 책임을 회피하는 사람은 자신에 대한 모독이라고 말하고 싶다. 잘 했으면 잘 한 대로 이름이 날 것이고 못 했으면 못한 대로 자신의 이름이 욕을 먹어야 한다는 말이다. 회사에서는 자기 명찰로 인하여 이름을 더럽히지 말라는 뜻에서 명찰을 달고 다니라는 것이다. 또한 회사에서는 사원들에게 복장을 준다. 복장을 주는 원인은 자기 직원의 질서를 지키며 자기 직원에 대한 서비스이기도 하다.

만약에 직원들이 각자 사제를 입고 근무를 한다고 하면 타 손님이 왔을 때 우리 직원인지 손님인지 구분을 못하게 되는 어려움이 있다. 더욱이 온 시내를 누비고 다녀야 되는 우리의 직무는 더욱 더 그럴 것이다. 각자 사제를 입고 근무를 한다고 할 때에 상사로서 직원의 동태를 얼른 파악하지 못한다는 불편한 점과 직원 자신도 회사에 대한 소속감을 잃는 수가 있다. 그리고 복장에는 반드시 회사의 마크나 또는 회사를 소개하는 회사 이름 자체가 쓰여지기도 한다.

이 모든 것들은 회사를 상징하며 자기 자신이 회사직원으로 회사에 대한 책임을 절대적으로 지라는 말이 된다. 그런데 회사 마크를 떼어 버리는 사람이 있다. 우리 회사가 국민영이기 때문에 망정이지 개인 회사였다면 그 상사가 봤거나 사장이 봤다면 그것은 매우 불쾌한 일일 것이다. 하나의 배신감마저 들을 것이 봉급은 자기가 주는데 그 봉급 주는 경영주를 외면하는 사례로 생각할 것이다.

만약 내가 경영주가 돼서 달고 다니라는 회사 마크를 없애버렸다면 나는 단순히 그런 자를 색출해 파면시킬 것이다. 우리는 회사가 좋든 나쁘든 간에 그 회사에서 벌어서 생활해 나간다. 나쁜 회사라고 생각했어도 자신이 못나서 나쁜 회사를 다니는 것이지 누가 억지로 명예스럽지 못한 회사를 다니라고 잡아 매 두는 노예적인 강제성이 있는 것이 아니다.

자본주의적 민주사회에서 절대 직업의 자유는 보장된다. 오늘 있다가 내일 떠난다 해도 막을 사람은 없다. 때문에 자기가 당사에 몸을 담아있는 이상 당사의 규율에 따라야 한다. 당사의 밥을 먹는 이상 당사에 대한 노력을 다 해야 한다. 다시 말해서 회사에 대한 책임을 지라는 말이다. 더 나아가서는 국제적인 차원에서 국가에 대한 충성을 해야 한다.

한 특파원이 회사의 직원이기 전에 먼저 한 나라의 국민임을 생각해야 할 것이다. 국내에서는 자신의 실수는 자신의 것이요 밖에서 저지른 일은 회사의 명예를 더럽혔지만 외국에 나가서 실수를 했다면 자신도 회사도 아닌 코리아는 어떻더라 하고 그 나라를 들먹이고 난 뒤에 자신에 대한 처벌 내지 욕이 나올 것이다.

운동선수가 태극 마크를 달고 장도의 길에 오른다.

내 나라 내 국민 모두는 그들이 잘 싸워 승리하고 돌아오기를 기원한다. 생각해 보면 나에겐 아무런 영향이 없을 것이 그가 이겨서 상금을 많이 타왔다고 해도 나한테 돌아오는 것은 아무것도 없다. 그렇다고 나의 명예는 더욱 아니다. 그러나 그가 이겼다면 매우 기뻐한다. 86아시안 게임 때 일이다. 중공과 탁구를 TV로 보고 있자니 매우 흥미롭다. 이겼을 때는 손뼉을 치며 아우성 하면서 즐거워했다. 그런데 지는 장면이 나올 때 마음이 졸여서 손을 움켜쥐고 저런저런 하고 소리치다가 아예 쳐다보기 조차 싫어졌다. 그럴 때면 나는 아예 누워서 두 눈을 감고 뒤로 드러누웠다. 그리고 몇 차례 지나더니 이기는 소리가 났다. 아나운서의 흥분된 목소리가 그렇거니와 옆에서 보고 있던 딸아이와 아내의 손뼉 치는 소리가 온 방안을 뒤흔들었다. 나는 그 소리에 흥겨워 돌아누워 TV를 본다. 그런데 내가 볼 때는 또 지는 장면이 나왔다. 그것 보기가 역겨워 다시 눈을 감았다. 이것을 보던 아내와 딸아이는 아예 내가 보면 지니까 나 더러 눈을 뜨지 말라고 한다. 나는 그 소리에 그러마고 대답을 한다.

"그래, 좋다. 아마 내가 쳐다보면 재수 없어 그런가 보다." 하고 눈을 감고 있노라니 이번엔 또 연속 지고 있다는 아나운서의 열띤 소리와 옆에서 관전하는 아내와 딸의 소리가 안쓰러울 정도로 죽어가는 소리를 한다.

"애, 이거 안 되겠다. 내가 일어나서 응원을 해야 하나보다. 드러누워서 하니까 우리 선수가 지나보다." 하고 자리에 앉아 같이 손뼉을 치고 응원을 했을 때 정말 신기하게도 우리 선수가 이겨 나가는 것을 보았다. 이것은 내가 일어나 앉아서 봤다고 이긴 것도 아니고 드러누워서 봤다고 지는 것도 아니지만 다만 국제 경기를 보고 있는 자신은 어느 새 국민의식이 잠재하고 있기 때문에 조그만 마음하나 조차 애국을 향한 일념으로 치달아 오르는 순간일 것이다 이런 장면을 보는 동안은 내 나라 국민이면 누구나 다 그렇게 생각하고 있을 것이다.

오래 전 교회 부흥집회 때 부흥 강사 목사님의 설교 내용 중에 이런 말이 나왔다.

일본에 사는 교포인데 그는 일본인 국적으로 살아왔다. 그리고 일본인 행세를 해왔기에 일본인 처도 그 자녀도 모두가 다 일본인으로 알고 살았다고 한다. 그런데 어느 날 딸과 함께 한일 배구 대회 구경을 갔다고 한다. 그 순간 이 아버지는 자신도 모르는 순간에 내가 위장을 한 일본인이라는 것을 잊은 것이다. 일본이 이기면 언짢아하고 결정적인 순간에 한국이 이기니까 "야……" 하고 손뼉을 치며 기뻐하자 같이 구경하고 있던 딸이 아버지의 행동에 분노의 질문을 던진 것이다.

"아버지, 아버지는 도대체 뭐예요. 한국인이에요? 일본인이에요?" 했을 때 아버지는 깜짝 놀라고 말았지만 이미 내색은 노출되고 말았다. 딸의 질문에 그는 자신의 행동을 바로 할 수 없었던 것은 사실이다. 딸의 질문에 자신의 행동을 바로 잡는다 해도 그의 응어리졌던 가슴에 애국 혼은 그 운동경기를 올바로 볼 수가 없었던 것이다. 마음은 한국인데 이기는 한국표정에 자신을 감추려 해도 안 될 것이고 이기는 일본인 선수의 편에 응원을 한다 해도 그 때부터 온전한 관전이라고는 볼 수 없을 만큼 어색했다.

딸은 그 경기가 끝나고 돌아오는 길에 아버지의 행동에 의구심을 품고 아버지를 추궁했다. 이미 자신의 행동이 들어난 뒤 어쩔 수 없이 딸 앞에서 무릎을 꿇고 울었다고 한다. 그도 이해가 간다. 일본인 사회에서 한국과 일본인 이라는 인종차별 때문에 국민성을 철저하게 은폐하고 일본인 행세를 했지만 감춰져 있는 잠재의식이 자신도 모르게 노출된 그 가련한 한국인을 생각할 때에 우리는 어떻게 생각할 것인가. 그를 용서해야 하나, 그를 배반자라고 욕설을 퍼부어야 하는가?

아무튼 그는 딸 앞에서 눈물을 흘리고 자기가 한국인임을 감추고 살았다는 부끄러운 사실을 실토하고 새로운 한국인임을 밝혔다는 사실은 너무도 감격적인 일이 아닐 수 없다. 지금도 그 사회에서 숨어사는 일본인 행세하는 한국인이 있을지 모른다. 그러나 언젠가는 한국인의 씨가 노출될 것이다.

일본 문화가 한국에서 흘러갔다고 한다. 특히 도요문화가 한국인에 의해 발전되었다는 역사적인 증거가 말을 해 주지만 그에 앞서 수백년 전 일본인의 손에 끌려가서 문화의 꽃을 창조한 한국인의 후손은 지금도 한국인의 핏줄임을 말한다는 데서 어쩔 수 없는 조국애는 살아서 숨 쉴 것이다. 그리고 그들은 언젠가 다시 고국의 땅에 묻힐 것을 염원할 것이다. 때에 따라 자신의 아집으로 방황했던 젊은 날도 결코 올바른 사회관과 국가관 올바른 나 자신을 향해 되돌아오는 메아리가 될 것이다. 모두가 먼 여행을 하고 되돌아오는 줄기차고 아름다운 메아리가 되자.

이제는 결론을 지어야 할 때가 온 것 같다. 하나의 글을 쓸 때도 처음과 끝이 맞닿듯이 人間에게도 처음과 끝이 있다. 누군가가 그런 말을 했다. [人間은 無에서 有를 잡으려다 無로 돌아간다.]고 했듯이 처음엔 아무것도 없는 무에서, 무에서 탄생한다.

모든 만물이 생태계가 그러하듯이 처음엔 모태로부터 발달해 간다. 그리곤 자라고 나서 다시 모태에서 벗어나 새까만 눈을 뜨고 세상 것을 배운다. 신기하기도 했을 거다. 무엇인가 보는 대로 잡고 싶어 하고, 말도 하고 싶고 볼 것이 많아 두리번거리고 사면을 본다. 엄마 얼굴을 익히고 가족 이웃 모든 것을 하나씩 배워나간다. 그리고 자라면서 교육을 통해 세상의 지식을 쌓는다. 이십 대가 넘어서 결혼하고 본격적인 사회생활에 지주가 된다. 직장으로, 농사꾼으로 또는 독자적인 사업으로 기타 등등 많은 직업을 통해 자산을 늘여나간다. 사십 대, 오십 대, 육십 대 이렇게 살아가다 자기 수명이 다하여질 때 대게는 가지고 있던 자산을 하나씩 하나씩 다 끌어넣는다. 자녀에게도 또는 사회도 결코 죽음에 다다라서는 모든 것을 포기하고 다시 어머니 모태에서 태어나듯 드러누워 어린아이처럼 순진하게 되돌아간다. 모든 이의 보호를 받는 어린이가 되는 것이다. 밥도 자기 손으로 못 먹고 남을 통하여 먹다가 결코 자기가 알지 못하는 아주 먼 곳으로 다시 간다. 태어나기 전 아무것도 모르는 곳에서 온 것처럼 영원히 떠난 것이다.

사람들은 이를 일러 돌아가셨다고 한다. 결코 죽은 것이 아니라 자기가 태어난 곳으로 엄마 아빠 따라서 돌아간 것이다. 이것이 정상적인 자기 천수를 다한 것이다. 그러나 중간에서 어렸을 때 죽거나 자기 수명에 다 하지 못한 사람은 돌아가셨다. 라는 말 보다는 죽었다라고 한다. 사실 맞는 이야기 같다. 우리가 운동경기를 한다. 백 미터를 달리는 데는 잘 달리는 시간의 척도를 줄이는 것도 중요하지만 그보다는 운영에 대한 지침을 지키는 것이 더 중요하다. 만약에 떨어진다고 남을 붙잡아서도 안 되고 떨어진다고 뛰다말고 포기하는 것도 안 되며 질러가는 것도 안 된다. 뛰다가 꼴찌로 가는 것은 꼴등이라는 등급이 있지만 경기 규칙을 위반한 것은 아예 탈락이다. 최선을 다한 꼴찌와 위반으로서의 탈락과는 아예 비교가 안 된다.

인간의 수명은 역시 마찬가지다. 죽음에서도 순서가 있는 것이다. 중도에 도태한 것은 자기 천수 다 못했다는 데서 자기가 갈 곳으로 돌아 간 것이 아니라 그야말로 죽은 것이다. 돌아간 것과 죽은 것은 근본적으로 차이가 다르다. 죽은 것은 어머니, 아버지가 간 곳을 따라갈 수 없는 영원한 미아가 된다는 것이고, 돌아갔다는 것은 부모 갈 수 있는 영원한 세상으로 간다고 볼 때 처음과 끝의 원리를 분명히 밝혔을 진대 수억 만 리 떨어진 한국인의 씨가 결코 죽는 날엔 한국인임을 말하고 죽으리라고 생각된다. 이 글은 결코 나라는 독자적인 외로운 人間의 여행이 아니라 나로 하여 타인의 존재가 있고, 나로 시작되어 가정과 이웃과 사회와 나라가 시작되어 자기 인생을 온 인류와 더불어 서로 공존을 위해 살아가다가 다시 나 하나라는 외로운 세계로 돌아가지만 그것은 외로움이 아닌 우리가 알지 못하는 또 다른 세계로 간다는 삶의 의미를 말하고 싶듯이 내가 있으매 네가 있고, 네가 있으매 내가 있다는 증거를 실증하며 서로를 위하여 물고 물려 돌아간다. 끝없는 삶의 터전을 향해.

1986年 11月 19日 새벽.

내가 무엇을 할고

파스칼은 말하기를 人間은 社會的인 動物이라고 했다. 이 말은 人間은 혼자 살 수 없다는 뜻을 두고 한 말인 것이다.

어떤 방법으로는 人間은 서로가 도와가며 살아가는 공생 동물에 속한다고 봐야 한다. 그러나 그 많은 직업 속에 인간으로서 하지 않아도 될 수 있는 직종이 있다. 그것은 한마디로 말해서 他人에게 피해를 주지 말아야 한다는 것이다. 선의적인 방법으로 근실하게 살아가는 사람들을 역이용하거나 눈가림으로 살아가는 사람들이 많다는 것이다. 그렇다면 人間은 왜? 이러한 옳지 못한 역현상이 오는 것일까. 그것은 쉽게 말해 쉽게 살아가기 위한 방법이라 하겠다. 이 말에 앞서 이런 방법을 쓸 수밖에 없을 만큼 살아가기가 어렵다는 말일까? 좋다. 그럼 왜 이처럼 살기가 어렵다는 것인가. 그야 인구는 많고 벌어먹기는 어렵고 하니 뒤떨어진 사람들이 앞서 가는 사람을 따라 잡으려고 욕심이 생겨서 그렇지. 이렇게 대답한다면 모든 일이 다 이유가 있어서 생긴 일이라 보겠다. 속담의 말에 처녀가 아기를 낳아도 할 말이 있다는 것처럼 핑계 없는 무덤이 없다는 것이다. 그래 좋다. 내가 속았으니 또 속이고 내가 타인을 속였으니 또 더 큰 속임을 받는다. 이번에는 안 되겠다. 그건 너무 하지 않는다. 너 이 놈 두고 봐라. 기회만 있으면 폭력으로라도 너를 쓰러뜨려야 내가 산다. 만일 이런 식으로 모두가 쉬운 방법을 택하다가 작은 일이 큰 일로 비화된다면 세상은 어떻게 될까. 양심과 도덕이 타락되고 법과 질서가 파괴 되어 인간은 말할 수 없는 멸망의 길로 접어들게 된다는 사실은 너무도 당연하다.

이처럼 세상 모두가 이런 식으로 자기 살 길을 찾는다면 모두가 멸망해 버릴 수밖에 없고 자신들 스스로가 아니면 신의 저주가 용서치 않을 것이다. 그러나 세상은 그러하지 않다. 백에 한 사람이라도 義로운 사람이 있었기에 그 한 사람으로 인하여 멸망에서 구원받을 수 있다고 봐야 한다. 나는 여러해 전에 이북에서 탈출한 공군 중령 정낙경이라는 분의 TV 대담을 들어 봤다. 자기가 원산 공항에서 탈출할 때에 기관총으로 난사하고 싶은 생각이 굴뚝같았는데 그 중에 한 두 사람의 절친한 친구가 있었기에 차마 그리할 수는 없었다고 했다. 이것은 한 두 사람의 덕에 모두 살 수 있었다는 것이다. 또한 성경 창세기 19장에 보면 소돔, 고모라 성이 멸망의 지경에 이르게 된다. 하나님께서 소돔성의 모든 백성이 죄로 인하여 죽을 수밖에 없는 지경에 이르게 되자 한 천사를 보내어 아브라함에게 부탁을 한다. 말하기를 “여보시오. 하나님께서 소돔성을 치려고 하시는데 그 중에 의로운 사람 몇이나 되는지 어서 빨리 구출하시오.” 하고 말했을 때 아브라함은 자신의 조카인 롯이라는 사람에게 말하기를 “얘, 조카 롯아. 소돔성이 곧 멸망한다. 어서 한 사람이라도 더 회개시켜라. 회개치 않으면 모두가 멸망한다.” 하고 말하지 조카 롯은 그 말을 듣고 모든 사람에게 외쳤던 것이다. 회개하라 때가 곧 임박했으니 회개하라 하고 외쳤지만 모든 사람은 그의 말에 코웃음만 쳤다. 롯은 하도 답답하여 말하기를 하나님과 담판에 나선 것이다. “하나님, 만일 이 성안에 義로운 사람 오십 명이 있다고 하면 어떻게 하시렵니까?”

“아니다. 의로운 사람 오십 명만 있으면 내 어찌 그들까지 죽일 수가 있겠느냐.”

“하나님, 그러면 만일 사십 명의 의로운 사람이 있다면 어떻게 하겠느냐.” 하고 물었다. 이렇게 해서 깎아내리기를 십 명까지 합의를 봤다. 그 말에 롯은 열심히 회개할 것을 종용했지만 모든 사람은 단 십 명도 회개한 자가 없었기에 하나님께서 마지막 통첩하기를 롯아 너희 가족이라도 어서 빨리 구원해라 하고 말했다. 이 말에 롯은 자기 직계라도 끌고 나오려고 한다. 부인과 딸 둘을 데리고 나오려고 했으나 그 부인. 롯의 말에 얼른 순응하지 않았던 것이다. 할 수 없이 강제로 끌고 나올 것을 생각했을 때 하늘의 천사가 말하기를 너희가 이 성을 빠져 나올 때에 누구든지 뒤돌아보지 말라. 어떤 소리가 나든지 절대 뒤돌아보지 말라 했다. 이 소리를 듣고 롯의 일가는 황급히 그 곳을 빠져 나오는데 하늘이 무너지는 듯한 무서운 소리가 들렸다. 모두는 그냥 뒤돌아보지 않고 나왔지만 롯의 아내는 뒤돌아본 고로 소금 기둥이 되고 말았던 것이다.

나는 이 말을 오늘을 살아가는 모든 이에게 한 번쯤은 명심했으면 하는 생각이다.

나로 인하여 모든 사람이 다 살 수 있다면 나로 인하여 모든 사람이 즐거울 수 있다면 어떠한 희생의 대가라도 감수하겠다. 하는 그러한 사람이 있다면 하는 생각이다.

얼마 전에 TV 드라마에서 육이오 전에 함흥에서 배를 타고 남하하는 장면을 봤다. 이 중에 고당 조만식 선생님은 단 한 사람이라도 백성들이 배에 오르지 못하는 안타까움을 보시고 자신도 배에 타지 못하는 사람과 남았다. 그에 제자들과 모든 사람들이 조만식 선생을 같이 오를 것을 종용했지만 조만식 선생은 거절했다. 그의 뜻은 너무도 희생적이다. 내가 어찌 이 불쌍한 백성들을 두고 떠날 수 있느냐는 것이다. 남아 있는 사람들은 대체적으로 힘없는 백성인데 어찌 이 불쌍한 백성들을 두고 떠날 수가 있는가. 이들은 누구 믿고 살겠느냐 하는 희생적인 생각에서였던 것이다. 당분간은 그의 힘으로 모든 잔여 백성들이 의지거리가 되었을 것이고 그 후도 지금도 그를 아는 전후 세대의 북한 동포 중에는 조만식이라는 분을 정신적인 지주로 삼았을지 모른다. 물론 지금을 살아가는 모든 사람 중에는 나라가 위태함에 있을 때 용맹스럽게 나서는 사람도 많을 것이다. 게 중에는 안중근 의사 같은 사람 게 중에는 이준 열사 같은 사람 또는 상해나 미국에서 독립운동을 하던 모든 사람들이 이름 없이 빛도 없이 훌륭한 사람들도 많을 것이다. 그러나 나는 이들에 앞서 온갖 수난을 겪고 묵묵히 땅을 지켜 온 이름 없이 살아 온 백성들에게 더 많은 찬사를 보내고 싶은 것이다. 큰 일이 날 때면 두각을 나타내고 싶어 하는 사람들 모두가 다 애국자가 되어 열정을 태우지만 자칫하면 내가 하늘로 올라가기 쉬운 것이다. 때에 따라서는 참는 것도 애국이요 묵묵히 자기에게 맡겨진 소명대로 열심히 일하는 것도 애국이다.

어느 책에선가 이런 내용이 실린 재미있는 이야기가 있다.

어느 집에 말과 개와 닭을 기르는 동물 가족이 있었는데, 이 중에서 말이 가만히 보니까 화가 났다. 저는 날마다 무거운 짐이나 싣고 다니고 조금 잘못하면 가죽 끈으로 매나 맡는데 개란 놈은 주인한테 사랑만 받고 닭이란 놈은 전혀 간섭을 받지 않고 자유롭게 살고 있다는데서 샘이 난 것이다. 생각 끝에 개가 사랑받는 것을 가만히 보니까 주인만 봤다 하면 앞발은 주인한테 올려놓고 꼬리를 흔들고 하니까 주인은 귀엽다고 머리를 쓰다듬는 것을 보고는 말이 저도 그렇게 하면 사랑을 받을 것이라는 생각에 밖에 갔다 들어오는 주인을 보고는 앞발을 들고 주인을 반기며 힝힝힝 소리를 치니까 주인은 기겁을 해 도망을 갔다. 말은 그래도 또 다시 오는 주인에게 앞발을 들고 소리치며 반겼지만 주인은 화가 나서 말을 사정없이 때린 것이다. 말은 슬펐을 것이다. 속모를 주인 놈아 왜 내 마음을 몰라주느냐고 했을 것이다. 설사 주인이 말의 마음을 알았다 하더라도 그 큰 말이 기어오르는 것을 귀엽게 받아줄 수 없을 것이다. 받아 주었다가는 주인이 다친다는 위험 때문일 것이다. 그렇다고 말이 개의 하는 일을 안다 손 치더라도 낯선 사람을 보고 짖지 않으면 개의 사명은 끝난 것이다. 닭은 시간 맞추어 울어야 할 의무가 있다. 이 말은 독자 여러분이 잘 알겠지만 자기는 자기 나름대로의 책임 속에서 충실하라는 말로 표현될 것이다. 학생이 정치에 관여해서는 안 되며 장사꾼이 고기를 낚는 어부를 흉내 낸다고 금방 고기를 많이 낚는 것은 아니다. 각자 자기 나름대로의 맡은 분야대로 충실히 살라는 말로 해석 될 것이다.

요즘은 각국마다 테러 사건이 많이 발생한다. 가장 많이 일어나는 문제는 폭발물을 은밀히 매복했다가 시간에 맞춰 폭발시키는 것이고 또 하나는 비행기 납치 사건이다. 비행기가 출항하면 그 안에서 범인이 뛰어 나와 조종사를 위협하고 자기 가는 목적으로 유도한다. 처음 인도적인 입장에서 모든 생명을 생각해서 요구 조건을 많이 들어줬지만 이러다보니 만만한 게 비행기 납치 사건이다. 돈이 필요한 사람은 돈을 요구하고 정치적인 사람은 비행기를 자기 목적지까지 몰고 가는데 목적이 있는 것이다. 그러나 양상은 달라졌다. 수많은 생명이 아까워 범인들 요구를 들어주다 보니 이를 이용하여 빈번히 일어나는 사태를 감당할 길 없든지 타협적으로 안 되면 그 한 두 명의 범인을 잡기 위해 무력을 쓴다. 이쯤 되면 범인을 잡기 위해 무력을 쓴 것이 범인 보다는 양민의 희생이 더 큰 것이다. 얼마 전 미국 여객기를 납치하여 요르단에 정착했다 한다. 목적이 어딘지는 내 기억으로 잘 모르겠으나 두 사람의 범인을 잡기 위해 수십 명의 희생자를 냈다고 한다. 이런 일은 비행기 납치 사건 뿐 아니다. 그 한 사람의 순간적인 잘못으로 인해 여러 사람을 다치게 했다면 또는 한 사람의 욕심으로 인해 수많은 사람에게 재산 손실을 입혔다면 그는 차라리 이 세상에 태어나지 않았더라면 좋았을 것이라고 탄식하는 이가 있었을 것이다.

요즘 우리나라에서는 아시안 올림픽이 벌어지기 위한 마지막 준비에 박차를 가하고 있다. 한쪽에서는 수많은 준비 요원들이 저마다의 맡은 바 열정을 다 쏟고 있다. 공직자로서의 준비요원에 해당되는 사람도 있지만 보수 없이 무료 봉사로 나와 수고하는 사람들이 있는가 하면 해당 학교 학생들은 매스게임을 연습하느라 몇 달 전부터 수고를 하고 그 게임이 벌어지는 곳처 마다의 학교에서는 조기 청소로 학생들이 휴지집게를 들고 고리를 휩쓴다. 그런 것 까지는 매우 좋은 인상이나 전투태세로 총을 들고 섰는 경찰 전경 또는 현역이 눈을 부릅뜬 자세는 삼엄하기 이를 데 없이 보기 민망스럽다.

그러나 이들이 자기 맡은 바를 이행하기 위한 의무이지 하고 싶어서 큰 행사를 치루겠다고 열심히 준비를 하고 한 쪽에서는 이를 반대하겠다고 시위를 하는 몰지각한 학생들이 있는가 하면 기회만 있으면 남침하겠다고 하는 북한의 위협이 있으며 그래도 안 되면 도시를 노리는 게릴라 작전으로 테러 만행을 막기 위한 경비인 것이다. 염려, 염려하더니 급기야는 김포 폭발물 사건으로 인하여 일가족 몇 집안이 몰락하고 맡은 대 사건이 터졌다. 경비의 소홀한 탓이라 해도 변명의 여지는 없을 것이나 아무튼 그 폭발물을 설치한 범인은 불과 한 두 명으로 수많은 희생자를 낸 것이다. 사상자 네 명, 부상자 이십 명, 최고급의 유리가 십여 장 깨지고 국내는 온통 벌집 쑤셔놓은 것처럼 한동안 수라장이 되었다. 이 얼마나 끔찍스러운 사건들인가. 그 장본인이 이후에 어디서 어떤 보상을 받겠다고 그런 행각을 저질렀을까. 어떻게 생겨 먹은 녀석들일까. 속된 말로 부모가 그 자식을 낳아 놓고 기쁘다고 미역국을 먹어가며 애지중지하게 키웠을 터인데 기껏 자라서 한 짓이 그 따위로 살기를 원했던가. 성서에 보면 지극히 작은 소자 하나를 실족케 하거든 차라리 연자 맷돌에 목매어 깊은 바다에 넣음이 나았으리라 한 말이 있다. 사람이 살아가는 동안 어쩔 수 없이 부득이한 사정에 죄를 짓는 수도 있고 알면서도 죄를 짓는 수도 있다. 그러나 사람으로서의 최소한의 예의와 기본 상식은 죄를 짓되 남에게 표출되는 짓은 하지 않았으면 얼마나 좋을까. 나는 이 글을 쓰면서 나의 지나 온 모든 과거를 몇 번씩 되씹어 본다. 나로 인하여 눈물을 적시게 한 일은 없었던가. 또는 나로 인하여 아픔을 준 일이 없었는가를 우리의 생활주변에서 읽고 잦은 수많은 일 속에 타인에 피해를 주고 타인에게 실망과 아픔을 주기보다는 나로 인하여 한 생명이 소생될 수 있다면 나로 인하여 수많은 사람을 구제할 수 있는 횃불이 될 수 없는가를 생각해 볼 여지를 가져보자. 우리의 주변 이 같은 사람의 숫자가 하나씩 늘어날 때에 그들로 안하여 죽을 수밖에 없는 저들 가치로 생명이 연장되고 이 지구는 존속하리라.

1986年 10月 14日 安養에서

함수관계

허름한 집들이 나지막한 골목길로 겨우 차 한 대가 지날 정도의 협소한 길옆 조그만 순대국집이 있고 그 옆으로 한 구텅이가 털어져 나간 화분에 한 구텅이가 썩어나간 선인장이 담겨져 있고 그 선인장이 모질개도 살아남아 긴 꽃자루를 하고 꽃이 피어 있다.

나는 지나가다 말고 식당문을 밀치고 들어섰다.

"어서 오세요. 무엇을 도와 드릴까요!" 하고는 나를 힐끔 쳐다보고는 다시 하던 일을 하고 있다.

"네! 순대국 한 그릇 주세요" 하고는 주인 아주머니를 다시한번 바라보았다.

"아주머니 저밖에 선인장 꽃이 참 예쁘게 피어 있네요."

"네, 그래요! 꽃보고 욕하셨지요?" 하고는 씁씁한 미소를 머금었다.

"네, 좀 그러네요."

"저 화분이 날 닮어서 그렇지요." 하고는 또다시 씁씁한 미소진 눈가에 잔잔한 눈물이 맺혔다.

"나는 그녀의 마음을 괜히 건드렸나 싶어!"

"아주머니 죄송해요. 제가 아주머니 마음을 상하게 했나 봐요." 하고는 식사를 하기 시작했다.

"아니예요. 아저씨 그래도 아저씨 같은 분이 있어서 속마음을 털어 놓을 수 있어서 제마음이 뚫린 듯하여 좋습니다." 하고는 하던 일을 마치고 내 밥상머리에 앉아 잔잔한 이야기를 풀어 놓았다.

"아저씨가 그리 말씀하시니 저 꽃과 화분이 저를 보는 것 같으네요." 하고 긴 한숨을 내 쉬고는 다시 입을 열었다.

"저도 학창시절에 고운 꿈이 있었는데 제가 피아노를 좀 치거든요. 제 생각에 장래에 피아니스트가 꿈이었고 고등학교땐 합창단 단원으로 일하면서 피아노를 연주했지요."

"오오! 그래서요. 그런데 어떻게 해서 이렇게 되셨어요."

힛죽 힛죽 웃어가며 말했다.

"제가 눈이 뒤집혀 한 남자를 알게 되었는데 그 놈이 글쎄 유부남이였지요. 첫 단추를 잘못 끼운 것이 나를 이렇게 만들었지요. 그 남자는 자기 부인을 버리고 나하고 살자고 했는데 제 양심상 그 사내를 인정할 수가 없어 방황해 별의 별곳을 다 전전하다 이 모양 이 꼴이 됐지요. 그렇다고 산 목숨 끊을려고 해도 그게 안 되더군요."

"오오 그래셨구나. 지금은 혼자 사세요."

"그 속에서 애를 하나 낳으니 그 애를 버릴 수가 없잖아요. 지금은 그애 뒷바라지 하랴 나도 살아가랴 지금 이 짓을 하고 있어요."

"아 그래셨군요. 제가 이름은 없지만 무명작가지요, 제가 즉흥적으로 떠오르는 시상이 있네요. 종이하고 연필을 빌리까요."

그녀는 백지 두 서너장과 볼펜을 가져왔다. 나는 지그시 두 눈을 감았다.

당신들은 바보

꽃이되어 아름답게 피어남은
어여삐 봐달라는 몸짓인게요

꽃이되어 향기를 발함은
애교와 사랑의 표현인 것을

당신은 그것도 모르는 바보 바보

오늘도 길가에 주저앉아
긴긴날을 사랑을 요구하건만
아무도 눈길주는 사랑없어
하염없는 기다림에
하루해가 저물어간다

"아주머니 어떠세요."
"어마 아저씨 꼭 나를 보고 하는 소리시네요." 하고는 눈물을 왈칵 쏟고 말았다.

그 깨어진 화분에 선인장과 못다 피고 꺾어진 아주머니의 인생과 내 파란만장은 삶의 만남이 함수관계를 이루어 새로운 꽃으로 피어나리라.

서로 위로하고 상처를 싸매주고 골목길 작은 국밥집에서 글을 남기다.

42

주 해님은 어디로 갔나?

내가 갈 곳이 교회서 사놓은 집에서 살 때다.

초봄이긴 하나 쌀쌀한 추위가 온몸을 움츠리게 하는 이른 아침에 밖에 나갔다 들어오는 길에 왠 아주머니 한 분이 교회 주변을 청소하고 있었다.

내가 보니 옷도 제대로 입지 못하고 헝클어진 머리에 까치른 얼굴을 하고 있는 것이 내가 본 기억이 없는 사람인 것같아 고마운 마음에 그에게 다가가서 물었다. 저 실례하지만 우리 교회 성도이십니까? 사실 이렇게 묻기는 여간 조심스러운 것이 아니다. 왜냐하면 자칫하면 장로가 자기 교회 교인도 몰라 보나 하고 시험들을까 싶어서이다.

이렇게 묻고 그 아주머니에게 다가섰다. 그는 나를 힐끔힐끔 보고는 하던 일을 계속하면서 저 이 교회 안 다니는데요. "다만 교회가 지저분해서 청소하는 거예요!" 이 소리를 들었을 때 앞뒤가 맞지 않는 것 같아 노숙자나 정신이 나간 사람으로 간주하고 초췌한 모습을 물끄러미 바라보며 물었다.

아주머니 식사는 하셨어요? 네 안 했어요? 그러면 제가 식사를 드릴 테니 저를 따라 오세요! 이렇게 말하고는 잠시 머뭇머뭇 거리고 생각을 했다. 우리 집으로 같이 가자니 누가 보면 남녀가 유별한데 이상히 생각할 것 같아 교회 사무실로 발길을 옮겼다.

마침 사무실 문이 열려 있어 의자에 앉혀놓고 난로를 켜 주었다.

아주머니 추우신데 잠시 계세요! 하고는 가까운 시장으로 갔다. 하지만 이른 아침이라 문을 연 음식점이 보여질 않았다. 다행히 떡집이 열려있어 떡을 사들고 얼른 사무실로 갔다. "아주머니 먹으세요!" 하고는 잠시 머뭇거리고 있는데 아주머니가 입은 옷이 너무 추워 보여 내가 입다 말을 옷이 있으니 잠시 기다려 주시오.

두툼한 잠바를 챙겨 가지고 와 그 여자에게 주었다. 떡을 먹다 멈추고 옷을 챙겨 입으면서 이리 만지고 저리 만지면서 만족스러운 듯 즐거워 했다. 즐거워 하는 것을 보니 먹히고 입히는 것으로 만 그 칠순 없었다.

먹고 입히는 것은 절차 일뿐 영혼구원이 없다면 보통사람이 행하는 자선일뿐 아닌가 싶어 "아주머니 예수 믿으세요. 예수 안 믿으면 지옥 가요. 예수 믿고 천국가야지요." 했을 때 "예수 안 믿어요." "그러세요. 그럼 예수 믿고 천국가야지요." 나는 구원의 메시지를 열심히 전했다.

성경에 보면 거지 나사로라는 사람이 있어요. 거지는 먹을 것이 없어 부자집 문전에서 얻어먹었데요. 그러나 거지는 예수를 믿다가 천국을 갔어요. 그렇지만 부자는 예수를 믿지 않아 지옥에 갔지요.

그 지옥이 얼마나 고통스럽든지 몸부림 치고 뛰어도 목추길 물도 없었데요. 그렇다고 죽을 래야 죽을 수도 없고 그 지역은 벗어 날래야 벗어 날 수가 없는 아주 괴로운 곳입니다.

부자는 아주 고통스럽게 괴로워 하는데 건너다 보니 자기네 문전에서 구걸하는 거지 나사로를 보고 너무 반가웠지요. 그 거지는 아브라함의 품에 안겨 즐거움으로 지내고 있는 거예요. 부자가 나사로한테 부탁을 합니다.

"여보게 자네 나 알지 내가 심히 목말라 죽겠네. 그러니 자네 손끝에 물을 묻혀 내 입에 적시어 주게" 하고 부탁을 했지요. 하지만 나사로와 부자 사이는 서로 오고 갈 수가 없었기에 거절하고 말았지요. 그래서 부자가 거지 나사로한테 다시 부탁을 했지요. 그러면 내 아들이 여럿이 있는데 자네가 가서 우리 아들들한테 예수 믿고 지옥에 오지 않게 말 좀 해주게! 하지만 대답은 역시 안 된다고 하였습니다.

그렇다고 예수 믿고 천국 갈 수 있는 길이 아주머니한테도 있어요. 그 천국 가는 길은 돈 많아도 못 가고 권세 있는 권력가도 못 가고 학식이 많아도 못가요. 오로지 예수이름으로 구원을 받으면 갑니다.

그러면 예수님은 어떤 분이냐 하면 성경 창세기에 보면 아담과 화와의 범죄로 인해 다시 말해서 하나님이 지어주신 아름다운 동산의 모든 것을 다 소유할 수 있으되 내가 지시한 선악과 하나만은 따 먹지 말라는 하나님의 말씀을 어기고 말았습니다.

그것은 하나님과 아담과의 약속이므로 하나님이 아담에게 그 과실을 따 먹으면 정녕 죽으리라 하였기에 어떠한 일이 있어도 지켜야 될 절대적인 약속이었습니다.

뱀(사단)이 하와를 꼬시고 하와는 아담을 꼬시어 과실을 따먹는 범실을 범하여 에덴동산에서 쫓기어 나서 그때부터 저주를 받아 여자는 애낳는 수고를 남자는 힘들어 일하여 수고의 대가를 치러야만 먹고 살게 됐죠.

그들은 영원히 죽었던 지옥에 갔던 신분이었는데 하나님께서 불쌍히 여기시어 장차오실 메시야를 보내시겠다는 약속 그 약속을 믿는 자는 천국에 들어 갈 수 있고 그 약속 조차 믿지 아니하면 지옥 간 댔어요. 그러면 그 약속은 하나님 말씀인데 예수님이 나를 대신해서 2000년 전에 십자가에 못 박혀 돌아 가셨던 그 약속을 마음으로 믿고 입으로 시인해야 천국에 갈 수 있다는 겁니다.

아주머니는 거지처럼 살지만 예수 믿으면 천국 가게 된다는 희망이 있어요. 어때요! 예수 믿고 천국에 가시겠어요. 안 믿고 지옥 갈래요? 하고 강하게 물었을 때 그 아주머니 예수 믿을래요. 하며 밝은 표정으로 대답했다.

그렇다면 마음으로 믿어 입으로 시인해야 된다고 했지요! 다시 말해서 아무리 공부를 잘 해도 시험지에 답을 쓰지 아니하면 소용이 없듯이 아주머니가 마음으로 예수를 믿어도 하나님께 고백을 하지 않으면 살 수 없지요. 그러기에 고백을 해야 하는데 아주머니가 짧은 시간 내에 잘 알지 못하니깐 저를 따라 하세요. 하고 신앙고백으로 사도신경을 했다.

전능하사 천지를 만드신 하나님 아버지를 내가 믿사오며,
그 외아들 우리 주 예수 그리스도를 믿사오니,
이는 성령으로 잉태하사 동정녀 마리아에게서 나시고,
본디오 빌라도에게 고난을 받으사,
십자가에 못박혀 죽으시고,
장사한지 사흘 만에 죽은 자 가운데서 다시 살아나시며,

하늘에 오르사,
전능하신 하나님 우편에 앉아 계시다가,
저리로서 산 자와 죽은 자를 심판하러 오시리라.
성령을 믿사오며,
거룩한 공회와,
성도가 서로 교통하는 것과,
죄를 사하여 주시는 것과,
몸이 다시 사는 것과,
영원히 사는 것을 믿사옵니다.
아멘.

'아멘'하고 신앙고백을 맞췄다. 참 내가 순서를 잃었네요! 아주머니 이름이 뭐죠? 이상스레 생각하지 마세요! 이름을 묻는 것은 아주머니를 위해 기도해 주려고 합니다. 하지만 그 아주머니는 이름을 전혀 모른다고 했다. 그뿐만이 아니라 고향이 어딘지, 집이 어딘지 어디서 사는지 전혀 생각이 나지 않는다고 했다. 다만 생각이 나는 것은 산은 산인데 산에서 헤매인 것밖에 생각이 안 난다고 했다.

이따금 TV 연속극에서 기억 상실자를 다룬 것을 보고 그럴 수가 있는가 하고 흥미 있게 시청한 일이 있었는데, 그런 사람이 내 앞에 지금 있는 것이 아닌가 하고 그 사실이 내 가슴에 닿았다. "그럼 아주머니 이름을 모르면 제가 이름을 지어 드릴까요?" 했을 때 "그래요!" 하고 표정이 밝았다. "그럼 뭐라고 할까!" 오늘 주님을 만났으니 성은 주, 해처럼 밝게 살라고 이름은 해님으로 하면 좋겠다고 했다. 주해님 어느 곳에 가든지 내가 주해님을 위해 생각나는 대로 기도해 줄

게 하고 기도를 했다.

하나님 오늘 주해님을 하나님께 소개합니다. 어디에 사는지도 모르고 갈 곳도 모르는 한 여인이 주님 품에 안긴 줄 믿습니다. 하나님 부족하고 미천하지만 주해님을 보살펴 주옵소서! 하나님 이 딸이 어떤 곳에 가든지 굶지 않고 소외받지 않도록 보살펴 주세요. 하나님 이 딸이 갈 곳은 어디입니까? 하고 기도할 때에 그 아주머니나 내 입장이나 다를 바 없다는 생각에 설움이 복받쳐서 울음을 터뜨리고 말았다. 주해님도 울었다. 기도를 맺을 때쯤 사람들이 드나들었고 주해님은 더 이상 머물 수가 없었다.

그 주해님을 보내면서 주머니를 털어보니 8,000원이 있었기에 손에 꼭 쥐어주고 전화번호를 적어주었다. 어려울 때 꼭 전화를 하라 하고 그녀를 떠나 보냈다.

어디론가 떠난 주해님 지금은 어디에 있을까? 부디부디 하나님께서 어려움 없이 보호하기를 바라면서 지금도 기도를 한다.

43

아내에게 전해주고 싶은 이야기

요즘 TV에서 부부간에 갈등문제를 털어놓고 서로 간에 얽히고 설킨 문제를 해결해 주는 아침마당을 보면서 나도 아내가 알지 못하는 속마음을 이야기하고 싶다.

내가 쓴 소설 그대로가 남긴 한마디 내용 속에 첫사랑 이야기를 썼기 때문에 우리 가정 파문이 일어난 것이다.

청년시절에 과거가 없는 사람들이 있겠는가? 마는 아내는 내가 쓴 소설을 가지고 그것이 내 마음 전부인양 몰아붙이는데, 사실은 소설이라는 게 원래가 거짓말쟁이가 쓰는 게 소설이다.

물론 내가 쓴 내용에는 내용 그대로는 전혀 터무니 없는 말은 아니지만 글을 쓰다 보면 어느 부분에서는 묘미를 살리기 위해 허구적인 말을 쓰는 게 보통이다. 나는 그 글을 쓴데 대해서는 매우 미안하고 죄스러운 일이나 그러나 나는 그때 상황으로는 아무 것이라도 붙잡고 싶은 심정이었다.

모르는 사람들은 내가 규모 없이 일 저질러 놓고 뒷감당 못해 그렇다고 하겠지만 그때 상황으로는 다른 묘책이 없었다. 퇴직금 타서 조그만 집 사느라고 빚 졌던 것갚고 나머지 가지고 시작한 것이 자판사업이었는데 어찌하다 보니 어디서 그렇게 알고 전화가 오는지 꿩, 오리, 토끼 등 여기저기서 수백 수천 마리씩 팔아달라고 주문 쇄도하여 한창 뻗어 나가던 중 IMF가 나 모든 은행이나 사채업자가 한꺼번에 달라고 하니, 점점 뛰어 오르는 금리 39%까지 올라가는 것을 여기저기서 힘 닫는 데까지 끌어 대다보니 IMF 터진 뒤 5년 만에 이자가 복리복리로 뛰어 1억이 넘었다.

그래서 더 이상 버텨 낼 수가 없어 파산하기로 하면서 도피처로 찾는 것이 청량리 일명 사창가에 있는 교회를 찾았다.

그곳에 가면 밥을 먹을 수가 있다 하기에 찾은 것이 내가 알고 찾아간 것과는 달리 매스컴에 널리 알려진 최일도 목사님으로 알았는데 실상 가보니 김도진 목사님이란 분이 그때 당시 그곳에서 17년 동안을 시무하신다고 하면서 이야기 도중 가스총을 찬 목사라는 책자를 받았다.

나는 잠깐 TV에서 가스총을 찬 목사라는 프로그램을 본 것이 눈앞에 실상으로 알게 됐고, 이야기를 나누던 도중 내 신분을 밝혔다. 저도 실은 '네 똥 굵다'란 시집을 쓴 사람이며 지금도 출판되지 않는 가책이 10여권이라고 말을 하자 그럼 장로님은 여기서 계실 분이 아니라면서 출판을 하여 보라고 권유하는 바람에 출판하게 된 동기가 됐다. 물론 출판의 동기는 한 권의 책으로 IMF를 이길 수 있을 것이라는 꿈이 있었기 때문이다. 그때부터 감춰놨던 원고를 들 추워 낸 것이 바로 "그대가 남긴 한 마디란" 책이다.

물론 그것이 잘 되어 베스트 셀러가 되었다면 모든 흉터가 감추워지고 좋은 뜻으로 웃고 말았겠지만 일 벌려 놓고 빚만 더 지고만 샘이 됐다. 그러나 내용조차가 아내가 화 낼 만큼 내 진심이 아니다. 소설이란 흥미를 좋게 하기 위해 허구가 있다. 그러나 아내나 모든 독자가 아내 편에 서게 되어 나는 궁지에 몰려 그때 한동안 아내와 대화도 못했고 나 혼자 가산파산을 혼자 치러야 했다.

파산되어 남한테 집 넘겨 주고 짐 보따리 정리하기까지 그 얼마나 아팠든가 그래도 다행스러웠던 것은 김진택 집사님이 차를 한 대 주었다. 나한테는 그냥 주는 차도 인수할 능력이 없는 것을 보시고 수리해서 기름 넣어서 보험을 든 채 명의 이전해서 그야말로 무일푼으로 차를 받았을 때 그 은혜 꿈엔들 잊을 수가 있을까? 그 차를 인수한 것마저 내 이름으로 할 수 없어 아내 이름으로 명의 이전한 것이 지금도 내 이름으로 아무것 가질 수 없는 신용불량자이다. 그때 날짜가 2002년 11월 중순이다.

추운 날씨에 그 상황에 노동판을 전전하다 노동일로 떨어지면서 어깨가 어찌나 아팠던지 아픈 몸을 한번 풀지도 못했다.

차에 찬장부스러기, 이불 보따리와 양은냄비와 양은솥 한 개, 부스타 한 통을 실고 밤이 되면 정자지구 빈터에서 하루는 도로가에서 이곳 저곳 다니어 잠을 청했지만 눈을 감으면 수십 년 묶어온 세간 살이들이 나를 부른다. 그토록 애지중지 했던 세간 살이들 눈이 아프도록 뒹굴리고 떠올랐다.

당장 어쩔 수 없어 임시 남의 창고에 놨다가 대강대강 챙겨서 여주로 내려갔다 대강 쓸만한 것은 반태섭 목사님 댁에 쓰라고 던져놓고 나머지는 최영섭이라는 친구가 살고 있다.

나한테 제일 친한 친구라 하면 이 친구를 빼놓을 수 없다. 군입대하여 수용연대에서 있을 때 만난 친구이다. 그것도 불과 10여일 동안 같이 있었던 친구이다.

그 짧은 기간 중에 수용연대에서 몇 친구가 있었는데 수용연대에 있을 때 나는 그때 시인목사라는 칭호가 붙어 인기가 좋았지만 이 친구는 원래가 학자 집안으로 박식하면서 점잖은 친구로 함께 있을 동안 꽤나 다정했던 것이다. 지금 나이가 한 진갑이다. 지난 나이였으니 자그마치 40년 지기 친구가 지금까지 속사정을 털어놓고 이야기하는 친구이다. 그러나 이 친구는 예수를 믿지 않는다.

그러기에 만나면 이성문제로 다툼도 잘 하면서 좋은 친구로 지내온다. 할 수 없이 나는 나의 친구네 농장에 비닐하우스가 있어 이삿짐을 거의 다 친구네 집에 같다 두었다. 그런가 하면 딸네 한 보따리, 아들네 한 보따리, 지금도 그 이삿짐이 그 친구네 하우스에서 거미줄 얽혀 꿈쩍도 못하고 있으니 말이다. 그 일이 있은 뒤부터 한 겨울 차내서 지내게 됐다.

얼어 죽어도 어쩔 수 없는 상황이다. 나는 이 때에 마지막 결단을 했다. 예수 믿는 장로가 자살은 큰 죄라는 것을 알았기에 자살은 할 수 없고 그렇다고 일을 할래야 할 일도 없고, 장사를 할래야 밑전도 없다. 심지어 가산 마저 돈 되는 것은 다 빼앗겼다.

정말 막막한 일이다. 앞으로도 뒤로도 갈 수 없는 일할 수 없이 산기도 행을 나섰다. 도피행 산기도 11월 30일 깨나 추운 날이다. 오라는 곳 없어도 갈 곳은 많은 나그네가 되었다.

무작정 차를 몰았다. 가다가다 간 곳이 경기도 광주군 실촌면 큰 산 하나 넘으면 내가 살던 이천 땅이다. 어렸을 때부터 나무하러 만성리

앞산까지 와서 까치집만 하게 꽃장다리 걷어지고 명바위 베뚜지름 넘는데 다른 친구들은 잘도 뛰어 달아 나는데 나는 얼뙤고 늦되어 무서워서 벌벌 떨며 울면서 해가 지도록 가다가다 아버지 묘등에 훌쩍 거리고 있을 때 막내 고모가 마중 나와 함께 울던 기억 나는 어쩌면 혼령이 나를 불러 이곳에 왔나 보다 그 응달 진 어둔 골을 바라보다 차를 돌렸다.

외진 골짜기를 얼마쯤 가다 보니 충현교회 기도원이 나왔다. 마음 같아서야 같은 총신교단이고 장로이니 이곳에 와서 기도하고 싶었지만 왠지 내 몸에 맞지 않은 의복을 걸친 것 같이 어색하기 짝이 없었다. 잘 꾸며진 건축물 하며 잘 가꾸어진 모든 부대시설들이 나를 외면하듯 돌아서게 했다.

다시 차를 몰았다. 얼마쯤 가다 보니 침례교회 기도원이라는 이정표가 있기에 찾아 가다 보니 앞으로 큼직한 건축물이 보였다. 이곳 역시 내가 들어 갈 수 없는 거성처럼 보였다. 내 자신이 너무 초라하고 외소했기 때문이다.

그 기도원을 앞으로 놔두고 넓찍한 주차장 한 곁으로 차를 댔다. 살얼음 밑으로 맑은 물이 흐르고 뜸성 뜸성 놓인 바위들과 흔들리는 억새들 차라리 아무도 보지 않는 이곳이 좋았다.

주여 제가 여기에 머물렀나이다. 이곳이 야곱의 하나님을 만나는 자리가 되게 하소서! 나는 이곳이 내가 죽을 곳인지도 모른다는 비장한 각오를 했다. 기도 응답이 올 때까지 금식기도를 하기로 마음 먹었기 때문이다.

그렇다고 보고 싶은 사람도 슬픈 마음도 없이 그저 담담한 마음 뿐이다. 혹시 누가 보드라도 의심이나 없게 하려고 기도 중이라고 큼직하게 써 붙여 놨다. 이제는 모든 준비가 끝났다.

'주여 제가 여기에 있나이다. 하나님 제 입장을 아시지요. 제 마음도 아시지요.' 하고는 더 이상 아무런 말도 할 수 없었다.

아무 생각도 없이 이따금 주여 주여 이 소리뿐 아무 생각도 없었다. 기가 막혀 말이 안 나온단 말이 이럴 때 쓰는 표현인가 보다. 금식기도 하러 온 놈이 구체적인 간구는 안 나오고 그냥 이불 뒤집어 쓴 채 주여 주여 하다 잠이 들었다.

얼마나 지났을까 산바람에 나뭇가지 우는 소리와 나를 깨우는 소리 얼음 밑으로 흐르는 물소리에 눈을 뜨고 바라보니 밤하늘의 차가운 별빛이 내려다 본다. 나는 비로소 한탄 섞인 소리로 '주여 제가 여기 있나이다.' 하고 속삭 거리며 울다 웃다 잠이 들었다.

산골짝 하루의 밤이 가고 아침이 왔다. 기도하기 보다는 체념과 절망의 밤 나는 지난 밤이 나에게 최후의 밤이 되었으면 좋았을 것을 했다. 그러나 내가 역사를 움직이는 것이 아니고 역사가 있는 곳에 내가 잠시 있었던 것으로 나의 관심과 악몽과는 관계없이 어제 있었던 태양이 다시 비취고 어제 있었던 그 자리에 내가 있을 뿐이다.

나는 부석부석 눈을 부비고 냇가로 비실거리고 다가가서 손을 담그었다. 내 신경은 깜짝 놀라리 만큼 날카로운 칼날같이 차가움이 내 신경을 흔들어놨다.

어찌 생각하면 내가 죽었는지 살았는지 모를 정도로 흐미했던 정신을 따끔하게 종아리 치듯 놀라게 깨워놓듯이 정신이 싹 들었다. 주여 저는 분명히 살아있군요. 어찌하시렵니까? 나는 내가 있는 것이 아니고 나는 전적으로 하나님께서 주시는 호흡으로 살고 있음을 인식하듯 아무런 생각도 아무런 의식도 몸짓도 하고 싶지 않았다.

이때 내가 갖고 있는 핸드폰에서 '삐리 삐리' 하고 울렸다. 그래도 생명이 있다고 어디서인가 핸드폰이 울리는구나 싶어 받아들 때 아내에게서 오는 것인가 본데 딸에게서 전화 문자가 찍혀 있어 받았다. 그 전화 벨소리가 그렇게 반가울 수가 없다. 왜냐고요. 그것은 생과 사의 갈림길에 서있는 심정이 아니고서는 느낄 수 없는 묘한 기쁨이다. 내가 죽지 않고 살아 있기에 이 소리를 들을 수 있고 나에게 가족이 있기에 찾는 이가 있었다는 그 진한 삶에 애잔한 마음 나는 흥분된 어조로 여보세요! 여보세요! 하고 수신을 했지만 밧데리 사정도 그렇고 첩첩 산중이라서 통신 교환이 이루어지지 않았다.

아내가 했겠지! 미우니 고우니 해도 여러 날 동안 보이지 않아서 나를 찾는가 싶었다. 그렇게도 매몰차든 아내 그래도 영감이 보고 싶었던지 볼 일이 있었던지 전화를 했는가 본데 나는 교신을 할 수 없엇지만 마치 어린애들 손꼽놀이 하듯 혼자 말로 중얼 거렸다.

'여보 나요. 왜 전화했어. 보고 싶어서 했어. 아니면 무슨 일이 있어서 했어. 응! 나야 잘 있지 여보 당신도 잘 있어! 그렇지만 지금 이 소리가 마지막이 될지도 모르지!' 이렇게 지껄이다 보니 왈칵하고 눈물이 솟구쳤다.

미친놈이 어떤 것인가 했더니 바로 내가 미친놈이로구나! 들리지도 않는 핸드폰을 들고 혼자 지껄이고 있으니 말이다. 그리고는 이 소리마저 마지막이 될지도 모른다는 생각을 하니 더욱더 슬퍼지고 애닯펐다.

아내가 보고 싶다. 아내가 보고 싶다. 딸도 외손자도 아들 며느리 손자도 목사님 죄송해요. 이제 제가 목사님도 뵐 수 없게 되나 봐요. 물론 이 시간이라도 달려가면 한 시간 내에 보고 싶은 사람을 볼 수 있으련만 하나님의 응답이 떨어지든 내가 죽든 두 가지 중 이루어지기까지는 마음이 움직여지지 않았다. 대강 세수를 하고 차내로 들어갔다.

그리고는 성경을 본다고 했지만 잡히지 않는 마음으로 성경을 읽을 수가 없었다. 몇 장 뒤적뒤적 하다가 눈에 뒤는 수첩을 뒤적였다. 교회 식구들부터 친척 친구 한 사람 한 사람 전화번호를 보는 것만으로도 새로웠다. 다시 못 볼 사람들 다시 불러보고 싶은 사람들 이때 눈에 띈 것이 있다. 마치 눈에 전광석 불빛이 들어오듯 그 이름은 '이석종' 시골교회에서 내 신앙의 기초를 길잡이가 되어주든 분, 처음 신앙을 그 분으로 하여 시작됐고 나의 모든 것을 닦아 주신 분 나는 미친 듯이 차를 몰았다.

만성리 삼거리에 슈퍼마켓 전화통에 돈전 200원을 넣었다. '삐리리 삐리리' 하고 발신음이 몇 번 가다가는 나긋한 목소리로 대답을 한다.

"여보세요! 네 안녕하세요! 목사님 저 윤종식 장로입니다."

"어이구 장로님 지금 어디요!"

"저 지금 만성리에 있습니다."

"거긴 왜요."

"사정이 그렇게 됐네요. 목사님 목소리를 듣고 싶어서 전화했습니다."

"장로님 대강 얘기를 들었습니다. 그러지 말고 만납시다."

"나 지금 곤지암 쪽으로 가는 길이요. 그리로 나와요. 사정 얘기는 나중에 듣기로 하고 곤지암 터미널로 나와요."

얘기를 듣고는 모든 것을 포기하듯 이목사님이 하자는 데로 따랐다. 터미널에서 만났을 때 겔로퍼 승용차와 동행이 있었다. 간단한 이야기로 소개됐고 일행 가는 데로 따랐다.

44

화산교회에서

1987년 봄이다.

내가 수원에 직장따라 왔다가 정착한 교회가 지금 다니는 수원 화산교회이다. 그 때는 건물바닥 40여평되는 조그만 교회로서 오다가다 보면 하얀 고무신을 신고 자전거를 타고 다니시는 비교적 젊은 목사님으로 인물이 훤하게 생긴 미남이시다.

이 때에 내가 교회 문턱에 선뜻 들어서지 못했다. 신앙의 성숙이 덜 됐던지 들어갈 듯 말 듯 할 때 아내와 딸이 먼저 몸을 담어 착실하게 잘 다녔다. 아내 말이 목사님의 말씀도 좋고 인물도 잘 생겨서 매우 만족한 듯 즐거워 했다. 사실 이 때까지 만해도 신앙생활은 30년을 넘었지만 자리 옮길 때마다 모퉁이 떨어져 나가듯 신앙생활에 오점을 남겼다.

1970년대 초에 시골에서 서울 상계동에 들어섰을 때도 이곳 저곳 주춤 거리다가 교회를 정하지 못했다가 성암교회에서 몇 년, 상계2동생명교회에서 잠깐, 고양군 벽제면 내유리 내유교회에서 잠깐, 안양 석수교회에서 몇 년, 이처럼 여러 교회로 전전하다보니 신앙의 뿌리가 깊이 들어가지 못했던 터라 자연히 세상과 짝할 때가 더 많았던 것 같다.

노동일에 그것도 제일 힘이 든다는 공구리패 한 그룹에 휩싸여 일을 하다보니 술과의 관계를 꽤나 친했던 것같다. 힘든 일을 할 때에 술 한 대접 마시고 일하면 힘든 줄도 몰랐다. 이렇게 하기를 몇 년 하다보니 어느 때부터 몸에 이상한 징조가 생겼다. 한참 일을 하다가 술기운이 떨어지면 기운이 쭉 빠지고 다리가 후둘후둘 떨렸다. 이때마다 다시 술을 마시고 나면 괜찮아지다가 술기운이 떨어지면 다시 몸이 떨렸다. 나는 이 때에 즉시 깨달았다. 아하 이것이 술중독이구나! 하고 술을 끊기로 했다. 한 마디로 큰 결단을 한 것이다.

담배 역시 글을 쓸 때는 줄담배를 피워댔다. 담배는 꽤나 질기게 따라 다녔다. 이곳 수원에서도 쉽게 끊지 못한 것도 그 놈의 글을 제대로 써 먹지도 못하는 글씁내 하고 질질 끌고 다니다가 교회 등록을 한 지 몇 일이 되었을 때에 목사님과 우연히 성암교회 다닐 때에 중고등부를 합반해서 50여명을 지도했다고 했다. 그 소리를 마음에 두셨는지 다음 해에 고등부 교사로 임명하셨다. 이때 아니라고 사양도 못하고 그대로 받아들이고보니 정신이 번쩍 났다.

술은 끊은 지 오래됐지만 담배는 줄담배를 태우고 있었으니 선생님이라는 작자가 담배를 피우다가 학생들에게 걸리면 이곳은 말 그대로 개가 몽둘이를 맞듯 개망신하게 생겼다는 생각에 그 날로 담배를 끊었다.

지금 생각하면 그것도 하나님의 역사가 그런 것이로구나 싶다. 그후 여러 가지 신앙체험과 안수집사를 거쳐 장로까지 됐고 지금은 은퇴장로가 되어 살림살이를 며느리한테 물려주고 쫓겨난 뒷방 늙은이가 된 것같은 느낌이지만 지난 날을 회고해보면 보람 있는 일도 있었구나 하는 생각이든다.

성암교회에 있을 때 그 학생들이 자라서 지금은 50대 후반이 되었을 텐데, 간간히 소식을 듣는데 김길숙이라는 학생은 하남시에 모교회 사모님이 됐다고 하고 최규창은 기독신문사 국장으로, 손갑성이라는 학생은 목사님이 됐다는 소식을 들었다.

아무튼 화산교회에 와서 고등부 교사로 2년, 유년부 부장으로 10년을 교사를 하다보니 그 아이들의 장래가 기대가 된다. 앞으로 남은 날이 얼마나 남아 있는지는 몰라도 화산교회가 내 무덤이 될 것같다.

그동안 좋았던 일들, 어려웠던 일들, 지난 날을 되돌아보면 힘겨운 하루 하루가 주마등처럼 스쳐간다.

45

친 구

내 나이 70세가 되고 보니 내 주변에 가까이 지내던 사람들이 떠오른다. 이곳 수원에 와서 사귄 친구로는 김유겸이라는 친구가 있다. 나이는 나보다 5살이나 위이다 보니 친구라기 보다는 응석 벗하는 그런 사이다.

이 친구는 학교 교장으로 있다가 장학사 직을 맡았다가 다시 학교장으로 계시다가 퇴임을 했다. 우리는 취미가 같아서 친구가 되었다.

한국 서예 대전에서 몇 번씩 수상을 했다. 또한 악코데온이 있어 음악을 좋아한다. 가끔씩 그의 집에 가면 악코데온으로 연주하면 나와 함께 합창을 한다. 음악의 취미가 나와 같다.

가곡을 좋아 하고 특히 고린도전서 13장에 있는 말씀으로 노래를 같이 하면서 그 순간에는 참으로 행복에 취해서 즐거워 했다.

그런데 나한테 뜻하지 않은 IMF로 인해 내가 모든 소식을 끊었다. 세상에 휘말려 소식을 끊고 몇 년이 지난 뒤에 찾아가 봤다. 인계동 수원공고 뒤의 언덕백이에 기억을 더듬어 찾아갔을 때에 문패가 김유겸이라는 문패가 없어지고 다른 사람의 문패가 걸려 있었다.

내가 잘못 찾았나 하고 여러번 두리번 거리다가 언덕 아래의 가게집에 가서 전후사실을 이야기하고 물어보니 몇 년 전에 돌아가셨다는 것이다.

그 교장 선생님은 매우 점잖은 분이시고 멋쟁이 어르신이었는데 돌아가시고 그 집은 다른 사람에게 팔려 다른 사람이 살고 있다고 했다.

참으로 인생이 허무하다더니 그 새를 못 참고 먼저 갔구나 싶다.

젊은 학창시절에는 고교야구 선수였다 했는데 그 좋은 직장에 그 좋은 재능에 음악과 체육도 좋아했는데, 허무하고 힘없는 친구로구먼, 나같은 사람도 참고 살아왔는데 나하고 이야기할 때는 위가 나쁘다고 가끔 말하기는 했느느데 그토록 죽을 정도로 아픈 줄은 정말 몰랐는데, 나같은 사람도 살았는데 그 사이에 죽었어! 이 다음에 천국에서 만나면 좋을터인데! 이런 저런 생각으로 돌아서는 모습에 쓸쓸하기만 하다.

허허 참 사람 그렇게 힘없이 죽었어!

세 친구

내 나이 칠순이 되다보니 주위를 되돌아 본다. 주변에 친하게 살던 사람들이 다 죽었기 때문이다.

고향에 있을 때에 세 사람의 친구가 있었다. 친구라기 보다는 응석 벗하며 형이라고 불렀던 사람들이다.

친구하면 수많은 사람이 있겠지만 내가 지금 말하는 사람들은 그 곳에서 내 이상에 맞는 취미가 비슷한 사람들이다.

한 사람은 오홍찬이라는 친구인데 그 지방에서 서울대학교 문리대학 독문학을 전공한 사람인데 대학시절에 현대문학에 '고독'이라는 시를 써 등단을 했다.

그 형 홍찬이는 자칭 소크라테스처럼 '너 자신을 알라' 하면서 괴변을 늘어 놓기 시작하면 술잔이 끝이 없다. 그런가 하면 술병을 입에 달고 다녔다. 때로는 세상을 낙천적으로, 때로는 세상을 비판하고 모든 것을 허무주의로 살다보니 미래의 일을 모르는 사람이 됐다.

이렇게 해서 괴변을 내놓은 것이 몽땅주의다. 다시 말해서 내일은 없고 오늘만 있는 것이다. 주머니에 돈이 있을 때는 있는 대로 몽땅 털어 쓰고 없으면 쫄쫄 빈털털이로 다녔다.

홍찬이 형과 비슷한 연배인 이익수씨가 있었다. 익수씨는 내 초등학교 동창 친구의 형으로 나하고 참으로 뱃장이 맞았다고나 할까! 나는 동생의 친구지만 가끔 우리 집에 오고 나도 그의 집에 가고 했다.

그 때 당시는 직장이 없어 방황했던 시절이었고 나하고 만나면 "야! 임마 종식아 인생이 뭐냐? 응 왜 사는 거지!" 하고 모든 것을 회의적으로 비판 또는 냉철한 정치 판단과 기타 각각으로 한 시대를 우롱하며 비판도 했던 자칭 철학자였다.

그러나 면사무소에 들어가서 있다가 군청에 있다. 언젠가는 내가 사는 이천군 신둔면 부면장으로 있다가 뇌졸중으로 고생하다 세상을 떴다고 한다.

앞서 말한 홍찬이 형도 역시 술에 취해 논두렁에서 엎드러져 먼저 저 세상을 갔고, 또 한 형은 최정덕이라고 넉넉지 못한 집에서 자랐지만 머리가 좋앗고 똑똑했다.

나하고는 가장 가까운 사이였다. 글을 좋아 했다. 문학하면 이야기를 늘어놓으면 끝없는 이야기 끝에 자신의 가지고 있는 재능을 못다 펼친다고 안타까워 했던 형, 그 어느 날은 그 형에게 운명의 날이 왔다.

자기 형이 직업군인이었는데 부모님을 찾아뵙는다고 찾아왔을 때에 고기 몇 근을 싸 가지고 온 신문지에 광고난에 한국통신 전화국에서 낸 모집 공고 난을 보고 시험을 본 것이 합격이 되어 광화문 전화국에 첫 입사를 한 것으로 안다. 이렇게 해서 나하고는 우연히 주안전화국에서 만났고 또 한번은 동수원 전화국에서 만났다.

그후 이런 저런 파란으로 만날 길이 없었는데 뜻하지 않게 죽었다는 소식이 들려왔다. 그 친구하고 모임에 왕래를 했던 사람에게 전해들은 말로 죽음이 임박했을 때에 나를 무척이나 찾았다고 했는데 왜 만나고 싶었는지 답을 모른채 이내 세상을 떠나고 말았다.

내 친구 그동안 정확한 소식을 알고 지내는 친구는 여주에 사는 최영섭이다. 군대에서 같이 있던 친구인데 지금도 궁금하고 보고 싶을 땐 그 친구를 만난다.

인생 나이 70세이니 하나씩 하나씩 내 곁에서 떨어져 나간다. 낙엽 같이!

47

하나님의 계시

내가 병상에서 생사를 헤메일 때 나에게 특별한 계시를 주셨다. 꿈인지 환상인지 분별 못할 때 잠을 여러 날 못 자게 하시더니 번쩍번쩍하고 5일 동안 잠을 못 자게 하더니

① 일본을 건지라.

② 북한을 건지라.

③ 한국경제를 건지라.

④ 한국교회를 건지라.

하시기에 저가 경제인도 아니고 정치가도 아닌데 어떻게 하냐고 반문을 했지만, 하나님은 나 같은 사람을 쓰시고자 하는 하나님의 계획이 있으셨던가 보다. 내가 계명을 받들지 아니하면 나한테 큰 화가 미칠 것 같아 하나님의 계명에 순종하고자 이 글을 올립니다.

하나님의 계명(일본을 건지다)

아주대병원 입원하던 때이다.

자녀들 보기도 민망하고 성도들 보기에도 매우 민망하다. 벌써 연거푸 2009년에 뇌경색으로 2010년엔 신장 투석환자가 되었고, 2011년엔 다리가 붙드니 위궤양으로 입원이 됐다.

그럴때마다 매 맞는 강아지 앙살하듯 신음소리에 이골이 난듯 하다. 그러나 내 가족이나 나를 아는 모두에게는 강아지 앙살하며 깽깽 소리로 들릴 수 있을 것이다.

어느날 침상에 누워 신음소리가 날즈음 나에게 큰 변이 생겼다. 잠을 청하러 눈을 감으면 마치 번개치듯 번쩍번쩍 하고 뭔소리가 들린듯 했다.

나는 처음엔 내가 몸이 쇠약해서 뭔가 착시현상이 아닌가 했다. 그러나 하루 지나 이틀 지나 날마다 잠을 못자게 번쩍 하더니 '일본' 하는 소리가 들렸다. 내가 뭔가 뭔가 잘못 보고 잘못 들은 줄 알고 그냥 흘려 넘기려고 했지만 하루 이틀도 아니고 여러 날을 번쩍하고 번개치듯 하고는 '일본, 일본' 하는 소리가 선명하게 들렸다.

나는 이 소리를 들으면서 일본이 뭘 뜻하는 소리인가 하고 고심했다. 잠이 오지 않는다. 아니 잠을 못자게 하는 것이다. 눈만 감으면 번쩍 죄성치듯 하는 소리는 일본 이제는 밤이 두려워 졌다. 그리고는 고심이 깊어갔다.

일본 도대체 무엇을 뜻하는 소리인가 이렇게 하기를 6日째 되는 날이다. 두려움 속에 눈을 감고 있자니 이번엔 큰 일이 생겼다. 내가 서있는 곳은 태양처럼 환하게 빛이 나고 내 옆 우측으로는 새까맣게 먹물을 붓어 부은 것같이 꺼맣게 퍼졌다. 마치 손바닥으로 먹물을 눌러 사방으로 퍼져 나간듯 하더니 그곳은 마치 땅이 꺼지듯 내려안듯하더니 큰소리가 들렸다.

"일본은 건져 일본을 건져" 하고는 하얀 양복 입고, 흰 모자를 쓴 사람이 그 시커먼 구덩이에서 하얀 사다리가 놓여졌는데 그 사다리 위로 올라가며 "12명을 보내" 하는 것이다.

나는 이 소리를 듯고 그제서야 나름대로 생각이 깊어졌다. 일본이 일본이 위태한가 보다 하고 우리나라 하고는 틀어져 있는 나라인데 마치 손뼉을 쳐서 먹물이 퍼진 것을 보면 동경 한복판이 아닌가 싶다. 얼마나 다급하고 위험했으면 나같이 못난 사람한테 그런 모습을 보여주었나 싶다.

사실 생각해보면 우리 민족은 누구나 일본하면 적개심을 갖는 것이 사실이다. 이씨 조선 때부터 한반도를 괴롭히더니 조선말엽엔 드디어 총칼로 한반도는 물론 중국과 동남아를 비롯해 태평양까지 넘보다 패망한 나라이다.

게다가 요즘은 독도가 자기네 땅이라고 우겨대는 것을 보면 그 놈들 원수같은 놈들 땅이 꺼져 섬나라가 바다 속으로 들어가라. 이런 소리가 저절로 나온다.

침략받은 그 시대의 백성들이 겪었던 것처럼 온갖 수탈과 강제징용으로 우리 아버님도 징용갔다 와서 병으로 돌아가셨던 것을 생각하면 땅이 꺼지던 해일이 일어나던 하나님 뜻데로 하옵소서 하는 마음이지만 하나님의 마음은 망난이 자식도 당신의 아들, 딸이라고 불쌍히 여기셨던가보다.

나같이 못난 아들을 사용하여 수천만의 일본인을 건지라고 하신 말씀이 계시로서 보여준 듯 싶다.

나는 이런 소리를 글로서라도 전하기가 두렵다.

그러나 나에게 준 사명으로 알고 전할 따름이다.

번쩍하고 번개치듯 하고는 '일본 일을 건지라 12명을 보내라' 하는 이 소리가 지금도 내 귀와 내 눈에 환하게 보인다.

'일본 일본을 건지라' 하고 있다.

일본하면 한민족 누구나 좋게 보는 사람은 없을게다. 그러나 하나님의 뜻은 그렇지 않으신 것 같다.

일본을 구하지 않으면 믿음의 선구자로서의 책임을 회피하는 것 같다는 경고를 보인다. 이웃을 사랑하라는 거국적인 하나님의 말씀을 받들었으면 한다.

49

두번째 북한을 건지다

처음 일주일 동안 일본을 건지라 하더니 두번째는 또다시 번쩍 한번 하고는 '북한을 건지라' 하는 것이다.

그리고는 강원도 거진쪽으로 두 말들리 깡통이 하늘에서 줄을 매여 내려오더니 깡통 네 개는 돈 600억씩들어 있다는 것이다. 그리고는 6개는 비어 있고 그 이상은 아무 소리도 듣지 못했다.

돈 600억씩 4개면 2,400억인데 나머지는 빈깡이면 그것을 어쩌라는 것인가 지금도 북한을 건지라는데 깡통 10개중 4개만 600억씩 들어 있다는 것이 외는 아무런 답을 듣지 못했다.

내가 북한을 건지란 소리에 답을 듣지는 못했어도 북한을 건지란 말과 600억짜리 네 통을 계산해 복 2,400억이 되는데 나머지 6통을 우리 대한민국이 채우라는 소리로 들린다. 2,400억 + 3,600억이면 도합 6,000억 + 4,000억이면 1조원이다. 북한에 중산층 빼고 서민응에게 1인당 500만원씩이면 괜찮지 않은가 생각된다. 그 금액이 북한에 지원될 때 북한도 살고 우리도 살지 않을까

1조원으로 채워 지원해보자.

1조원을 채웠을때 북한도 우리도 살 수 있다는 답이 나오지 않나 싶다. 아무튼 내 생각이 맞는지 안 맞는지는 모르지만 어쨌든 나머지 여섯 통에 돈을 채우면 북한 경제가 살지 않을까 생각된다.

북한의 상류층 빼고 나면 2,000만명으로 계산할 때 1조원이면 1인당 500만원씩 지원이 된다면 4인 가족 2,000만원씩 지원이 된다는 계산이 나온다.

우리나라 환율로 해도 한가족 2,000만원씩이 지급된다면 우리나라 서민도 잘 살 것이다. 이와같이 지원이 된다면 북한 경제가 회복되지 않을까 생각된다.

우리 속담에 광에서 인심난다는 말이 있다. 그 정도의 지원 대책이 섯다면 북한주민은 물론 정치수뢰도 생각이 달라질 것이다.

경제가 궁색한 중에 남의 것을 탐낼 것이다. 이정도로 1조원을 지원했다면 우리도 어렵기는 하겠지만 그것이 평화의 길잡이라면 해복만 하지 않을까.

그 1조원의 자금은 탈세한 사람, 세금 징수와 검은 돈 뺏어서 한다면 기업들의 기부금만 가져도 충당할 수 있을 것 같다. 정치가들이 물고 있는 낚시밥만 빼내도 되고도 남을 것 같다.

아무튼 이같은 말은 한낱 늙은이 망상이라도 그럴뜻 하지 않은가 우리 합심하여 북한경제를 살리려면 한다. 일이 이루어지든 안 이루어지든 나는 모른다. 다만 나에게 준 계명으로 알고 전할 뿐이다.

나는 할 도리를 했을 뿐 나머지는 정치, 경제에서 생각해주었으면 한다.

남북한의 격차를 좁혀야 서로가 살 수 있다는 계획으로 보인다. 부디 도울 수 있으면 돕자는데 합의했으면 좋겠다.

50

한국을 살려라

처음에 일본을 살려라 할 때는 6日만에 구체적인 답을 주더니 그 다음부터 하루 저녁에 한 군데씩 계시를 주신다. 두번째 북한을 건지라는 소리는 매우 단순했다.

600억짜리 네 통만 보인 것을 나머지 여섯통에서 내 생각대로 1조원만 지급된다면 북한이 살 수 있겠다는 생각으로 늙은이가 개소리 한번 해봤다.

그러나 개소리도 바로 들으면 도둑을 면할 수도 있고 도둑을 잡을 수도 있으니 늙은이 개소리에 귀 기울려 보라.

세번째 되는 날도 또다시 기다려 졌다. 낮에는 눈을 뜨고 오고 가는 환자들과 가족들에 모든 것을 잃고 말았지만 밤이 깊어 가면서 또다시 기대가 된다.

하나님이 이번엔 무엇으로 보여주실 것인가 하고 두려움과 기대로 기다려 졌다. 아닌게 아니라 눈을 감고 잠을 들려하는데 또다시 번쩍

하더니 한국 경제를 살려라 하는 것이다.

그 소리에 귀 기울이고 기다렸더니 세금을 현재에서 곱으로 거두라는 소리다. 그 거두운 세금에서 반은 현행 그대로 쓰고 나머지 반은 복지 사업에 쓰는데 그 거두어들인 반에서 1/3은 지원을 받아야 하지만 나머지는 세금 곱으로 거두어들인다고 해서 생활에 크게 어렵지는 않을 것이다. 이것이 지속된다면 생활의 균형이 크게 깨지지 않을 것이다. 이렇게 생활에 균형이 잡혀갈 때에 국민의 화합이 생기고 국가에 대한 충성이 생기지 않나 하는 생각이든다.

한국경제를 살리란 말은 '어렵다 어렵다' 하는 소리 속에 대부분이 저소득층에서 울부짖는 신음에 소리로 알고 온국민이 귀 기울이고 시행했으면 한다.

굴곡이 심하지 않은 사회 불평이 없는 복지된 나라를 이뤘으면 한다.

하나님께서 나에게 너무도 큰 부담을 주신 듯하다.

내가 경제인도 아니고 정치인도 아닌데 이 같은 명령을 이 계명 전파하지 않으면 내게 화가 있을 것 같아 전하는 바이다.

사실 외면상으로 화려한 네온사인 높은 빌딩이 솟지만 저소득자에게는 탄식과 원망의 소리로 보인다. 가진 자가 서로 공유할 때 아름다운 사회가 될 것이다. 이것이 생활에 균형의 차이가 벌어지면 묻지마 살인 또는 폭동으로 변할 수 있는 위험물로 가득 찼으니 정치는 이 문제를 해결하라는 것으로 보인다. 부득 이 글을 읽는 모두가 각성하여 새 정치가 되었으면 바람입니다.

46

한국교회를 살려라

네번째 또 무엇이라고 계명을 주시는가 기다려졌다. 아니나 다를까 밤이 이슥해서 잠이들 무렵 또 다시 번쩍하더니 이번엔 한국교회를 건지라는 것이다.

한국교회 그거면 무엇이 문제인가 하고 기다렸더니 전 성도들 십일조에서 십이조를 하는 것이다. 그것도 역시 십일조는 현행 각 교회 운영으로 쓰고 십에 이조는 1/3은 저소득층을 위해서 쓰고 나머지는 복지를 통해 교회가 균일하게 살아가야 한다는 것이다.

이 말씀을 뜯고 생각하니 지당한 말씀같다.

내가 가난하게 살아서 사실 나 자신과 나보다 나은 가진 자들과 비교해서도 안되겠지만 어느 때는 끈이가 없어서 어느때는 단 몇 푼이 없어서 머리도 언제 깎었는지 기억도 안나 가위로 깍두기 썰듯하고 어느 때는 주머니에 단돈 1,000원이 없어서 연보에 넣을 돈이 없어 했는가 하면 어느 때는 돈 만원으로 한 달을 살아가기 부지기 수련만 가진 자들은 주말이 되면 외식한다. 놀러간다 했을 때 없는 자의 마음은 어떻했을까.

모두가 원망스럽고 자신이 수없이 낭떨어지로 추락하는 심정이였을 때 교회는 어떻했을까?

하나님 말씀에 사랑하라 사랑하라는 말은 할 말이 없어서 공간 채우느라고 한 말은 아닐까나 이처럼 어렵고 힘든 일을 보고만 있지 말고 십에 2조를 하나님께 드려 소외된 자들에게 공평으로 나누라고 하는 것일게다.

십일조는 현행대로 교회 운영에 쓰고 그중 십일조는 표시안나게 자연스럽게 모두에게 공급이 되면 도의적 책임은 되가리라는 생각이 든다. 이것이 나에게 준 네가지 계명이라 생각된다.

이런 세금 배가는 우리나라 한국교회 뿐 아니라 온 세계가 이 방법을 도입한다면 아름답고 살기 좋은 세상이 될 것이라 믿기에 이 글을 온 세상에 전파하여 함께 누리고자 했으면 바라는 바이다.

지금 쓰는 말은 하나님의 계획을 설명 보충하고자 이 글을 씁니다.

교인 반 이상은 십에 2조 한다고 해서 크게 생활에 어려움이 없을 것이다. 해서 사랑하라! 나누라! 하지만 모른 척하는 내면에는 가진 자의 원망과 탄식에 도의적인 책임을 하라는 것으로 판단된다. 상하 균형이 조화를 이룰 때 이것이 예수님이 우리에게 주는 바람일 것입니다.

참 좋으신 나의 하나님
(치유 은사 간증문)

인쇄일 2012년 8월 31일
발행일 2012년 8월 31일

지은이 윤종식
펴낸이 김화인
펴낸곳 도서출판 조은
디자이너 김진순
제작인 박재임
주소 서울시 중구 인현동1가 19-2번지
전화 (02)2274-2408
저자 연락처 010-8406-3626
수원화산교회 031-252-1775

출판등록 1995년 7월 5일 등록번호 제2-1999호
ISBN 978-89-94329-25-3
정가 13,000원